essentials

Essentials liefern aktuelles Wissen in konzentrierter Form. Die Essenz dessen, worauf es als „State-of-the-Art" in der gegenwärtigen Fachdiskussion oder in der Praxis ankommt. *Essentials* informieren schnell, unkompliziert und verständlich

- als Einführung in ein aktuelles Thema aus Ihrem Fachgebiet
- als Einstieg in ein für Sie noch unbekanntes Themenfeld
- als Einblick, um zum Thema mitreden zu können

Die Bücher in elektronischer und gedruckter Form bringen das Fachwissen von Springerautor*innen kompakt zur Darstellung. Sie sind besonders für die Nutzung als eBook auf Tablet-PCs, eBook-Readern und Smartphones geeignet. *Essentials* sind Wissensbausteine aus den Wirtschafts-, Sozial- und Geisteswissenschaften, aus Technik und Naturwissenschaften sowie aus Medizin, Psychologie und Gesundheitsberufen. Von renommierten Autor*innen aller Springer-Verlagsmarken.

Niels Trapp

Agentic AI im Mittelstand

KI-Agenten in sechs Schritten erfolgreich einführen

Springer Gabler

Niels Trapp
Inxelerate GmbH
Ratingen, Deutschland

ISSN 2197-6708 ISSN 2197-6716 (electronic)
essentials
ISBN 978-3-662-74551-9 ISBN 978-3-662-74552-6 (eBook)
https://doi.org/10.1007/978-3-662-74552-6

Die Deutsche Nationalbibliothek verzeichnet diese Publikation in der Deutschen Nationalbibliografie; detaillierte bibliografische Daten sind im Internet über https://portal.dnb.de abrufbar.

Springer Gabler ist ein Imprint der eingetragenen Gesellschaft Springer-Verlag GmbH, DE und ist ein Teil von Springer Nature.
Die Anschrift der Gesellschaft ist: Heidelberger Platz 3, 14197 Berlin, Germany

Was Sie in diesem *essential* finden können

- Die wirtschaftliche Bedeutung von autonomen KI-Agenten für mittelständische Unternehmen
- Eine Übersicht der wichtigsten Kriterien von autonomen KI-Agenten und deren Einführung
- Die Bedeutung und der Einfluss von KI-Agenten im Unternehmen auf Prozesse, Führung, Kultur und Organisation
- Ein 6-Schritte Prozess als Blaupause für die erfolgreiche Einführung von autonomen KI-Agenten in Ihr Unternehmen.

Interessenskonflikt Der/die Autor*in hat keine relevanten Interessenskonflikte im Zusammenhang mit dieser Publikation.

Inhaltsverzeichnis

Über den Autor

Niels Trapp Inhaber, Berater und Business Trainer, Inxelerate GmbH, Felderhof 134, 40880 Ratingen, niels.trapp@inxelerate.comwww.inxelerate.com

1 Einleitung

Künstliche Intelligenz ist inzwischen fast in jeden privaten Haushalt eingezogen. Zumeist über die dialogischen Tools, wie ChatGPT, Claude oder Gemini. Die klassische Internetsuche, beispielsweise über Google, ist mittlerweile auch schon von einer KI abgelöst worden. Was im Privaten gilt, ist nicht unbedingt in gleicher Eindringtiefe in Firmen, Institutionen, NGOs oder Behörden der Fall. Auch wenn über die überall verbreiteten Office-Tools eine KI inzwischen mitgeliefert wird, ist die „naive" Nutzung im Arbeitsalltag verhalten wachsend und mit einigen Fragen zu Datenschutz, Mehrwerten und Risiken verbunden.

Dabei gehen die Möglichkeiten der Nutzung von KI im Unternehmen weit über die rein dialogischen KI-Assistenten hinaus. Autonome agentische KI ist als die Technologie verheißen, die über die individuelle Ebene hinaus den Unternehmen weitreichende Vorteile bringen soll. Hier geht es um die Optimierung von Arbeitsprozessen oder die Veränderung von Abläufen und Prozessen mit integrierten KI-Agenten in Erwartung von ökonomischem Nutzen und verbesserter Zukunftsfähigkeit.

Dieses Essential beschäftigt sich mit der Frage, wie gerade in mittelständischen Unternehmen diese Technologie erfolgreich eingeführt werden kann unter Berücksichtigung von Erwartungshaltung, Wertschöpfungsideen, technologischen Herausforderungen und der organisationalen Reife. Ein 6-Schritte-Prozess dient als Blaupause und praktische Umsetzungsplanung, um autonome KI-Agenten sinnvoll und wertschöpfend in das Unternehmen zu integrieren.

N. Trapp, *Agentic AI im Mittelstand*, essentials,
https://doi.org/10.1007/978-3-662-74552-6_1

2 Agentische KI als Game-Changer im Mittelstand

In vielen mittelständischen Industrieunternehmen findet sich aktuell eine ähnliche Situation. Die Auftragslage ist insbesondere in Deutschland aufgrund weltpolitischer Ereignisse, fragiler Lieferketten, steigenden Wettbewerbsdrucks und den Nachwehen aus der Coronakrise sehr angespannt. Zwar entspannt sich aufgrund der anhaltenden Krise im Automobilmarkt der Fachkräftemangel in manchen Bereichen ein wenig, dennoch bleibt es eine kontinuierliche Herausforderung, die passenden Qualifikationen zu finden (vgl. Grünwald et al. 2024). Unternehmen operieren häufig mit einer gewachsenen Prozesslandschaft, während der Druck, innovativer und effizienter zu werden, stetig wächst. (vgl. Gleich et al. 2026).

Künstliche Intelligenz (KI), wie sie mit ChatGPT, Claude, Co-Pilot oder Gemini als KI-Assistent zur Verfügung steht, wird zunehmend ein Standard-Werkzeug zur Arbeitsunterstützung der einzelnen Mitarbeitenden, z. B. mit Text- und Bildgeneratoren, Analysewerkzeugen oder Chatbots. Autonome agentische KI geht einen großen Schritt darüber hinaus.

> ► KI-Agenten nutzen KI-Technologie um Ziele zu verfolgen, ihre Umwelt zu beobachten und sich anzupassen, komplexe Informationen zu verarbeiten, im gegebenem Rahmen autonom zu agieren, dynamisch zu entscheiden und aus „Erfahrungen" zu lernen (vgl. Scharinger 2026, p. 64).

Damit wandelt sich der Fokus darauf, wie beispielsweise Teile wiederkehrender Wissensarbeit, administrativer Abläufe oder prozessnaher Entscheidungen künftig von digitalen Agenten vorbereitet, begleitet oder teilweise übernommen werden können. Die Spannbreite ist dabei groß und reicht von autonomen Fahrzeugen (AGV) in Fabriken über Cybersecurity-Bedrohungsanalysen, E-Commerce Anwendungen, Finanzanalysten zur Investment Optimierung, Kundensupport-

N. Trapp, *Agentic AI im Mittelstand*, essentials,
https://doi.org/10.1007/978-3-662-74552-6_2

Agenten oder Reiseplanungsagenten (vgl. Valtech 2026; Scharinger 2026, p. 158 ff.).

Die strategische Bedeutung von agentischer KI für den Mittelstand und die Erwartungen an dessen Mehrwerte lassen sich auf vier wesentliche Felder eingrenzen.

2.1 Effizienzgewinne

Agentic AI wird für den Mittelstand vor allem dort relevant, wo Arbeitsprozesse und Abläufe, Datensuche und Analysen heute viel manuelle Kapazität binden. KI-Agenten können Informationen sammeln, strukturieren, prüfen, vorbereiten und innerhalb definierter Grenzen nächste Schritte ausführen. Der Effizienzgewinn entsteht zwar auch durch schnelleres Abarbeiten, aber noch mehr durch eine neue Arbeitsteilung zwischen Mensch und Maschine. Rund 70 % der Unternehmen in Deutschland erwarten Produktivitätseffekte schon aus generativer KI, im Schnitt zwischen 8 und 16 % in fünf Jahren, speziell in der Industrie sind es 6,4 % bis 13,7 % je nach Branche (vgl. Kerkhof et al. 2024). Agentische KI ist dem etwas nachlaufend. Hier haben in 2025 14 % der globalen Industrieunternehmen bereits KI-Agenten implementiert bei 4 % im Jahr zuvor. Der Schwerpunkt liegt auf effizienteren Business-Prozessen. Unternehmen gehen davon aus, ca 25 % der Prozesse in Business Funktionen mit KI-Agenten abzubilden (vgl. Capgemini 2025). Für mittelständische Unternehmen kann das besonders wertvoll sein, weil knappe Fach- und Führungskapazität von Routinetätigkeiten entlastet wird und stärker auf wertschöpfende Aufgaben gelenkt werden kann.

2.2 Wettbewerbsfähigkeit

Der frühe Einsatz von Agentic AI kann insbesondere im Mittelstand zunächst einen Wettbewerbsvorteil erzeugen. Unternehmen, die früh einsteigen und lernen, Agenten sinnvoll in Prozesse und Rollen einzubinden, sammeln schneller Erfahrung, bauen interne Kompetenz auf und erkennen früher, wo echter Nutzen entsteht. Dieser Vorteil wird jedoch nicht dauerhaft bestehen bleiben. Immerhin 81 % der Industrieunternehmen halten KI für die wichtigste Zukunftstechnologie, der Einsatz von generativer KI ist massiv angestiegen auf 36 %. Insgesamt 43 % der Unternehmen in Deutschland sehen allerdings einen erheblichen Weiterbildungsbedarf (vgl. Bitkom 2026). Sobald in der Folge das Fachwissen zu KI-Agenten breiter verfügbar ist, verschiebt sich die Frage von *„Nutzen wir KI-Agenten?“* hin zu *„Wie gut nutzen und integrieren wir KI-Agenten?“*. Wer dann noch keine grundlegenden Erfahrungen mit KI etabliert hat, verpasst Wettbewerbschancen und verliert operativ und strategisch Boden gegenüber besser vorbereiteten Wettbewerbern.

2.3 Fach- und Führungskräftemangel

Vielfach ist in Beiträgen zu lesen, dass durch KI erheblich Arbeitsplätze abgebaut werden. Prominente Beispiele sind u. a. große Beratungsunternehmen, aber auch einige Industrieunternehmen. Dennoch sollte die Nutzung von Agentic AI im Mittelstand nicht als Rationalisierungsinstrument verstanden werden, sondern vielmehr als Antwort auf fehlende Ressourcen und Fachkräfte. Viele Unternehmen haben nicht zu wenig Arbeit, sondern zu wenig verfügbare Kapazität für die anstehenden Aufgaben. So führt nach Schätzungen der Einsatz von KI bis 2030 zu einer Einsparung von 3,9 Mrd. Arbeitsstunden, die einer demografischen Lücke von 4,2 Mrd. Arbeitsstunden gegenübersteht (vgl. IW 2025). Wenn also KI-Agenten repetitive, vorbereitende oder koordinierende Tätigkeiten übernehmen, können Fachkräfte entlastet werden und stärker dort eingesetzt werden, wo Erfahrung, Urteilskraft, Kundenverständnis und Verantwortung gebraucht werden. Damit wird agentische KI zu einem Hebel, vorhandene Kompetenzen besser zu nutzen und Engpässe in Organisationen teilweise abzufedern.

2.4 Neue Geschäftsmodelle und „Agent-as-a-Service"

Neben Effizienz und Entlastung eröffnet Agentic AI auch die Möglichkeit, neue digitale Leistungsangebote zu entwickeln. Wenn ein Unternehmen interne Agenten erfolgreich aufgebaut hat, kann daraus perspektivisch ein kundennaher Service entstehen: etwa ein Beratungs-, Diagnose-, Konfigurations-, Wartungs- oder Dokumentationsagent als Bestandteil des eigenen Angebots. Nach Software-as-a-Service und Platform-as-a-Service ist Agent-as-a-Service daher ein denkbarer nächster Entwicklungsschritt (vgl. Kumar und Kataria 2026, p. 29 ff.). Für den Mittelstand wird dies besonders interessant, wenn das eigene spezifische Know-how, vorhandenes Branchenwissen, Datenzugänge und Prozesskompetenz in skalierbare digitale Services übersetzt werden können. (vgl. McKinsey 2025; Deloitte 2026)

Trotz der aktuell eher trüben Geschäftserwartungen deutscher mittelständischer Unternehmen und der Zurückhaltung von Investitionen (vgl. Gleich et al. 2026) haben gerade diese Unternehmen eine bessere Voraussetzung, KI-Mehrwerte auch zu heben, als sie es sich unter Umständen selbst zutrauen. In einer Modellierung, welche Merkmale und Verhalten Hidden Champions ausmachen und charakterisieren, finden sich folgende Themen (vgl. Simon 2021)

- klare und ambitionierte Zielsetzungen
- schmaler Fokusmarkt
- kombiniert mit globaler Orientierung
- Kundennähe in Performance und Interaktion
- Streben nach kontinuierlicher Innovation in Produkten und Prozessen
- Klar umrissene Wertvorteile in Produkten und Dienstleistungen
- Sich auf eigene Stärken verlassen
- Mehr Aufträge haben als man Mitarbeitende dafür hat
- Lean Leadership mit hoher Unternehmensidentifikation der Mitarbeitenden

Im Grundsatz autoritärer Führungsstil, im Detail partizipativ.

Diese Charakteristika lassen sich gut auf mittelständische Unternehmen übertragen (vgl. Schenkenhofer 2022) und zeigen in Teilen eine sehr gute Position für die Adaption von agentischen KI-Systemen (z. B. Innovation, Ambition, Glaube an eigene Stärke). Das Thema Führungsstil steht einer explorativen und dynamischen Arbeitsweise allerdings teilweise entgegen. Man verändert mit agentischer KI die Arbeitsinhalte und Prozesse und damit verändern sich Rollen, Aufgaben, Verantwortlichkeiten und Arbeitsweisen (Thema Mensch-Maschine Schnittstelle). Dies zu unterschätzen, ist einer der häufigsten „Fails" bei der Einführung von KI-Agenten.

KI ist für den Mittelstand überlebenswichtig, und agentische KI ist notwendig, um die Potenziale zu heben. Der Mittelstand ist deutlich besser aufgestellt, als er es selbst einschätzt. Es braucht dazu eine gute Balance zwischen den definierten Erwartungen an den Mehrwert und dem Adressieren der Herausforderungen in der Umsetzung.

Wer über den Einsatz von KI-Agenten entscheidet, sollte allerdings wissen, wovon er spricht. *„Wir machen doch schon KI"* ist eine Aussage, die man derzeit häufig hört. Insofern lohnt ein genauerer Blick, was agentische Systeme tatsächlich ausmacht.

Überblick zu Agentischer KI

3

KI ist als Thema in aller Munde, allerdings bezieht sich die Diskussion zumeist auf dialogische generative KI, wie ChatGPT, Claude oder Copilot, und nicht auf agentische KI. Das führt auch dazu, dass viele Begriffe und Definitionen zu Agenten auftauchen und teilweise in der Sache eher verwirren. Daher werden in diesem Kapitel die wichtigsten Begriffe aufgearbeitet, die für die Führungsebene von Unternehmen zur Nutzung von KI-Agenten wichtig sind. Es geht also weniger um technische Eindringtiefe, Prompt-Beispiele oder Details einer IT-Infrastruktur. Entscheidend ist vielmehr die Einordnung: Was unterscheidet generative KI von agentischer KI, wie viel Eigenständigkeit und Handlungsfreiheit kann ein Agent erhalten und welche Führungs- und Governance-Entscheidungen sind damit verbunden?

3.1 Grundlagen Künstlicher Intelligenz

Künstliche Intelligenz ist ein Sammelbegriff für unterschiedliche Ansätze, mit denen Maschinen Aufgaben übernehmen, die bislang menschliche Wahrnehmung, Mustererkennung, Sprache, Schlussfolgerung oder Entscheidungsvorbereitung erforderten. Dazu gehören unter anderem symbolische KI, Machine Learning, wie in Abb. 3.1 dargestellt, Deep Learning und generative KI (vgl. ISO/IEC 22989: 2022).

Beim Machine Learning werden Systeme mit Daten trainiert, um Muster zu erkennen und auf neue Situationen anzuwenden. Ein einfaches Beispiel ist die Bilderkennung: Ein Modell erhält viele Trainingsbilder von Hunden, Katzen oder anderen Objekten und lernt daraus, mit welcher Wahrscheinlichkeit ein neues Bild einer bestimmten Kategorie zugeordnet werden kann. Solche Verfahren werden seit Jahren in der Industrie eingesetzt, etwa bei Predictive Maintenance, Predictive

N. Trapp, *Agentic AI im Mittelstand*, essentials,
https://doi.org/10.1007/978-3-662-74552-6_3

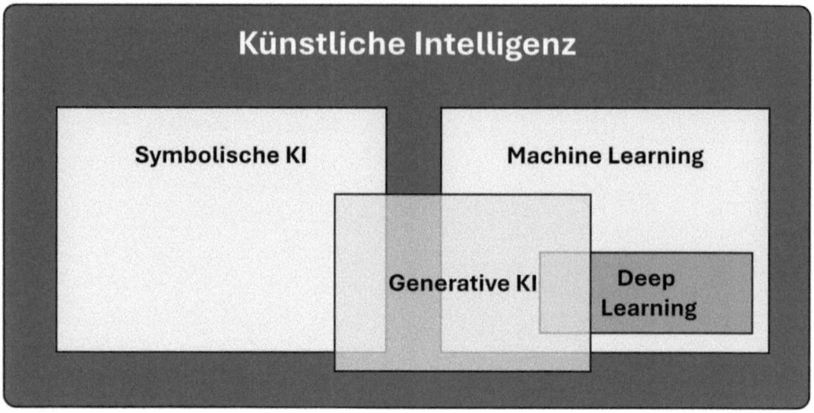

Abb. 3.1 Einordnung von KI Typen. (Quelle: Eigene Darstellung)

Quality oder in der Bilderkennung. Auch im Alltag finden sich entsprechende Anwendungen, zum Beispiel in Saugrobotern, Navigationssystemen oder Empfehlungssystemen (vgl. Goodfellow et al. 2016).

Viele klassische Machine-Learning-Anwendungen arbeiten diskriminativ. Das bedeutet: Sie erzeugen nicht selbst neue Inhalte, sondern grenzen Möglichkeiten ein, klassifizieren, erkennen Muster oder treffen Vorhersagen (vgl. Ng und Jordan 2001).

Generative KI erweitert diese Logik. Sie kann auf Basis gelernter Muster neue Inhalte erzeugen: Texte, Bilder, Programmcode, Zusammenfassungen, Konzepte oder Entwürfe. Gibt man einem generativen KI-System beispielsweise die Aufforderung, ein Bild eines Hundes zu erzeugen, erstellt es auf Basis seiner Trainingsdaten ein neues Bild, das so vorher nicht exakt vorhanden sein musste (vgl Goodfellow et al. 2014). Große Sprachmodelle, sogenannte Large Language Models, bilden die Grundlage vieler bekannter Anwendungen wie ChatGPT, Claude oder Gemini. Sie sind darauf trainiert, Sprache zu verarbeiten und Texte, Antworten oder andere Inhalte zu erzeugen (vgl. Brown et al. 2020).

Zur Vollständigkeit ist die symbolische KI zu nennen. Sie arbeitet nicht primär datengetrieben, sondern mit Regeln, Logiken und explizitem Wissen. In der Praxis werden symbolische Ansätze und Machine Learning zunehmend kombiniert, etwa um KI-Systeme besser erklärbar zu machen, Leitplanken einzuziehen oder fachliche Regeln mit datenbasierten Prognosen zu verbinden (vgl. Russell/Norvig 2021, p. 269 ff.).

3.2 Autonome agentische KI-Systeme

Einen KI-Agenten kann man als etwas verstehen, das seine Umwelt durch gegebene Sensorik wahrnimmt und in dieser Umwelt (selbstständig) agiert durch gegebene Aktuatoren, wie in Abb. 3.2 schematisch dargestellt. Damit unterscheidet sich agentische KI grundlegend von den KI-Assistenten, wie ChatGPT, Claude, Gemini oder Copilot, die auf vorgegebenen allgemeinen Datenmengen basieren und auf einen Nutzer-Prompt reagieren. Auch wenn man dann mit Tools wie Copilot, Make oder N8N seine Workflows automatisiert, ist das im klassischen Sinne noch kein Agent. Die Definition der Funktion eines Agenten wird durch das sogenannte PEAS Framework unterstützt. Hier sind genau die Fragen systematisiert, die ein Unternehmen bei jedem Agentenvorhaben beantworten muss (vgl. Russell und Norvig 2021, p. 61 ff.).

- **Performance Messung (P):** Wie definiert man den Erfolg, mit welchem Bewertungsraster?
- **Environment (E):** In welcher Umwelt agiert der Agent, was sind die Spielregeln darin?
- **Aktuatoren (A):** Was kann der Agent tun, wie handelt er, was sind seine „Hände"?

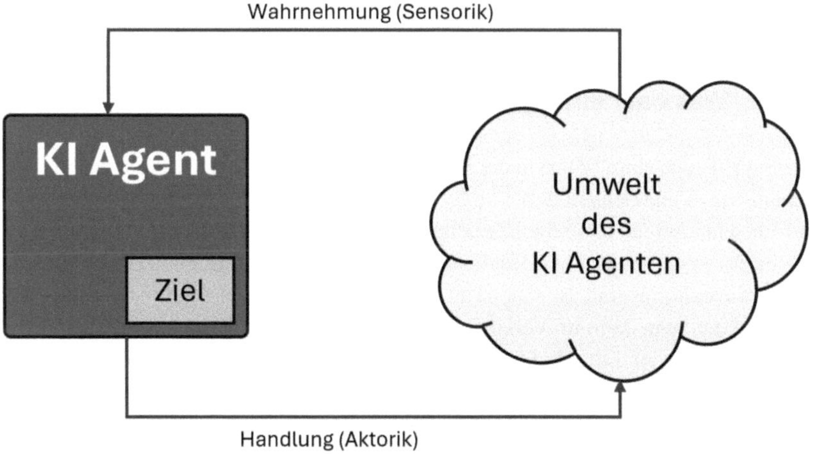

Abb. 3.2 KI-Agenten System. (Eigene Darstellung nach ISO/IEC 22989:2022)

- **Sensorik (S):** Was kann ein Agent wahrnehmen, was sind seine „Augen und Ohren"?

Ein moderner KI-Agent wird dabei durch drei Verhaltensweisen geprägt (vgl. Woodridge 1995):

- **Autonomie:** Der Agent verhält sich auf Basis eigener „Erfahrung" und Begründungen und nicht basierend auf festcodierten Anweisungen.
- **Reaktionsfähigkeit:** Die Fähigkeit zeitnah Veränderungen wahrzunehmen und darauf in der gegebenen Umwelt zu reagieren.
- **Eigeninitiative:** Die Fähigkeit eigenständig zu agieren, um ein Ziel zu bedienen und zielführendes Verhalten zu etablieren.

Agenten nutzen die Large-Language-Modelle der generativen KI als ihr „Gehirn", mit dem sie all diese Verhaltensweisen ausprägen. Im Unterschied zu einem Chatsystem nutzt der Agent diese LLM-Funktionalität aber eigenständig, meist mit vorgegebenen Datensätzen und im Kontext seines Auftrages. Agenten haben kein Bewusstsein und würden somit, wenn man sie nicht eingrenzt, unter Aufwendung aller verfügbaren Mittel – und zwar wirklich aller – ihren Auftrag durchführen. Das bedeutet, dass man bei der Entwicklung von KI-Agenten – gerade in Bezug auf Autonomie – einen klaren verifizierbaren Rahmen definieren muss, in dem sich der Agent bewegen darf. Die Frage, in welchen Umfang der Mensch weiterhin eingreift und an welcher Stelle er Ergebnisse freigeben muss, bevor der Agent einen nächsten Schritt ausführt, ist essenziell für den erfolgreichen Betrieb.

3.3 Was darf ein Agent eigentlich entscheiden?

Der Begriff „autonom" führt in der Diskussion über Agentic AI schnell zu Missverständnissen. Viele denken dabei an Systeme, die vollständig selbstständig handeln und Entscheidungen ohne menschliche Kontrolle treffen. Für den praktischen Einsatz in Unternehmen ist ein differenzierteres Verständnis hilfreicher: Autonomie ist als ein Gestaltungsgrad zu sehen, der in der Definition des Agenten entschieden wird und den man dann im Verlauf der Skalierung auch steigern kann.

Eine Studie der Fraunhofer HNFIZ (Wrobel et al. 2026) beschreibt dies mit dem Konzept des „Agentic Level": KI-Systeme bewegen sich auf einem Kontinuum, je nachdem, wie stark Merkmale wie Wahrnehmung, Anpassungsfähigkeit, Entscheidungsfähigkeit, Kooperation, Handlungsfähigkeit, Lernfähigkeit und Aufgabenkomplexität ausgeprägt sind. Für die praktische initiale Einschätzung im

Unternehmen reicht die Reduktion auf die Führungsfrage aus: Wie viel Autonomie darf der Agent in dem betroffenen Prozess(schritt) haben?

Ein KI-Agent kann dabei auf unterschiedlichen Autonomiegraden arbeiten. Auf einer niedrigen Stufe sammelt und strukturiert er Informationen, bereitet Unterlagen vor oder erstellt Vorschläge. Auf einer höheren Stufe empfiehlt er Entscheidungen, priorisiert Vorgänge oder führt einzelne Arbeitsschritte nach menschlicher Freigabe aus. Erst auf weitergehenden Stufen handelt ein Agent innerhalb definierter Grenzen eigenständig, etwa indem er Aufgaben in einem System ausführt, Rückfragen stellt oder mit Kunden, Lieferanten oder Mitarbeitenden interagiert. Je stärker ein Agent entscheidet, Systeme verändert oder externe Kommunikation auslöst, desto wichtiger werden klare Rollen und Grenzen, Human-in-the-Loop, Protokollierung, Monitoring und fachliche Verantwortung. Und desto stärker werden eine umfangreiche Governance und Kontrollfunktion benötigt.

Die Tab. 3.1 zeigt unterschiedliche Autonomiegrade und die dazugehörige Rollenverteilung

Mit steigendem Autonomiegrad steigen nicht nur technische und organisatorische Anforderungen, sondern auch regulatorische Fragen. Der EU AI Act folgt diesem risikobasierten Ansatz und sieht insbesondere für Hochrisiko-KI-Systeme Anforderungen an Transparenz, menschliche Aufsicht, Protokollierung, Daten- und Risikomanagement vor. Für die Praxis bedeutet das: Der Autonomiegrad der agentischen KI ist neben technischen Fragen zusätzlich rechtlich und organisatorisch bewusst zu gestalten (vgl. Franz 2026).

Tab. 3.1 Vereinfachte Autonomiegrade von KI-Agenten. (Eigene Darstellung in Anlehnung an das Konzept des Agentic Level nach Wrobel et al. 2026)

Autonomie-Stufe	Rolle des Agenten	Rolle des Menschen
Informieren	Der Agent sammelt, verdichtet und strukturiert Informationen.	Der Mensch prüft die Informationen und entscheidet.
Vorschlagen	Der Agent erstellt Empfehlungen, Entwürfe oder Handlungsoptionen.	Der Mensch bewertet die Vorschläge und gibt sie frei.
Ausführen nach Freigabe	Der Agent führt definierte Arbeitsschritte nach menschlicher Zustimmung aus.	Der Mensch entscheidet vor der Ausführung und bleibt verantwortlich.
Handeln in Grenzen	Der Agent erledigt Aufgaben innerhalb klar definierter Leitplanken eigenständig.	Der Mensch überwacht, prüft Ausnahmen und greift bei Bedarf ein.
Koordinieren	Der Agent orchestriert mehrere Schritte, Systeme oder weitere Agenten.	Der Mensch steuert Ziele, Grenzen, Verantwortung und Eskalationen.

Wenn in diesem Buch über agentische KI gesprochen wird, dann ist damit also nicht jede kleine Automatisierung im Arbeitsalltag gemeint. Ein Assistent, der einer einzelnen Person die Termine sortiert oder Mails in Ordner einordnet, wird sicher hilfreich sein, aber er verändert weder Prozesse noch Rollen und braucht zur Einführung bestenfalls Tool-Trainings. Im Fokus dieses Buches stehen vielmehr solche Agenten, die in Geschäftsprozesse eingebunden werden, Aufgaben ganzer Teams oder Bereiche berühren und damit spürbare Wirkung auf Effizienz, Zusammenarbeit und Organisation entfalten.

Solche Aufgaben werden üblicherweise von mehreren Agenten in einem Multi-Agent-Set-up umgesetzt, bei dem jeder Agent eine abgeschlossene Aufgabe hat, beispielsweise ein Agent für Datenanalyse, einer zur Formatierung der Ergebnisse, ein weiterer zur Interaktion mit dem Nutzer und einer zur Koordination der verschiedenen Unteraufgaben. Es entstehen also Agentensysteme und Workflows (vgl. Wrobel et al. 2026). Für genau für diese Art von Vorhaben lohnt sich das strukturierte Vorgehen, das die folgenden Kapitel beschreiben, und genau hier entscheidet der gewählte Autonomiegrad darüber, wie tief der Eingriff in die Organisation reicht.

3.4 Ausblick: von autonomen Agenten zu Physical AI

Agentic-AI-Systeme verändern vor allem digitale Arbeit in Geschäftsprozessen. Ein weiterer Entwicklungsschritt liegt dort, wo die KI physische Systeme steuert oder beeinflusst.

Dieser Bereich wird häufig als Physical AI bezeichnet. Gemeint sind KI-Systeme, die ihre reale Umgebung wahrnehmen, Entscheidungen treffen und über Maschinen, Roboter oder Steuerungssysteme physische Aktionen auslösen. Beispiele reichen von kollaborativen Robotern in der Montage über autonome Gabelstapler und Roboterarme bis zu Inspektionsdrohnen oder KI-gestützten Sortier- und Lagerprozessen. Für den industriellen Mittelstand ist dies bereits eine interessante Geschäftsperspektive. Teilautonome intelligente Produktion, Wartung, Qualitätssicherung und Logistik sind aktuelle Wachstumsmärkte (vgl. Deloitte 2026).

Gleichzeitig steigt mit Physical AI der Anspruch an Governance deutlich. Während ein digitaler KI-Agent in Business-Prozessen eine fehlerhafte Empfehlung oder einen falschen Text erzeugen kann, greift Physical AI in reale Abläufe ein. Roboter und AGVs bewegen sich, Waren werden umgelagert, Anlagenzustände verändert oder Sicherheitsbereiche berührt. Mensch und Maschine sind frei beweglich auf dem Shopfloor unterwegs, es kann also auch physischer Schaden entstehen. Deshalb brauchen solche Anwendungen besonders klare Regeln für Sicherheit, Verantwortung, Überwachung, Testumgebungen und menschliche Eingriffsmöglichkeiten.

Wertschöpfung durch agentische KI 4

KI-Agenten sind nur dann in einer Organisation anschlussfähig, wenn daraus ein messbarer Wertbeitrag für die einzelnen Nutzer, die Prozesse und das Unternehmen entsteht. Für das Unternehmen lohnt sich die Investition dann, wenn signifikante und messbare Verbesserungen in den relevanten KPIs entstehen. Der Nutzen lässt sich in unterschiedlichen Kategorien bewerten.

Die in Abb. 4.1 dargestellten Werte beziehen sich auf den KI-Einsatz insgesamt. Unternehmen erzielen dadurch heute schon vor allem Effizienz- und Produktivitätsgewinne. Dabei ist Umsatzwachstum häufig eher das Zielbild als bereits realisierte Wirkung.

In einem weiteren Teil der Deloitte-Studie wird deutlich, dass Unternehmen einen hohen Mehrwert in agentischer KI sehen. In 2026 nutzen demnach 23 % der Unternehmen KI-Agenten, erwarten aber in 2 Jahren eine moderate Nutzung von 74 % in ihrer Organisation für operative Aufgaben (vgl. Deloitte 2026).

Heute entstehen Kostenvorteile durch den KI-Einsatz insgesamt in operativen Aufgaben quer durch alle Funktionen des Unternehmens, wie in Abb. 4.2 dargestellt.

4.1 Wertvorteile durch KI-Agenten

Für KI-Agenten lässt sich die Frage, wo genau Wertvorteile entstehen etwas vereinfacht in vier Kategorien zusammenfassen.

Effizienz und Produktivität

Agenten übernehmen wiederkehrende Teilschritte in Wissens- und Verwaltungsprozessen beispielsweise Suchen, Zusammenfassen, Prüfen, Vorstrukturieren,

N. Trapp, *Agentic AI im Mittelstand*, essentials,
https://doi.org/10.1007/978-3-662-74552-6_4

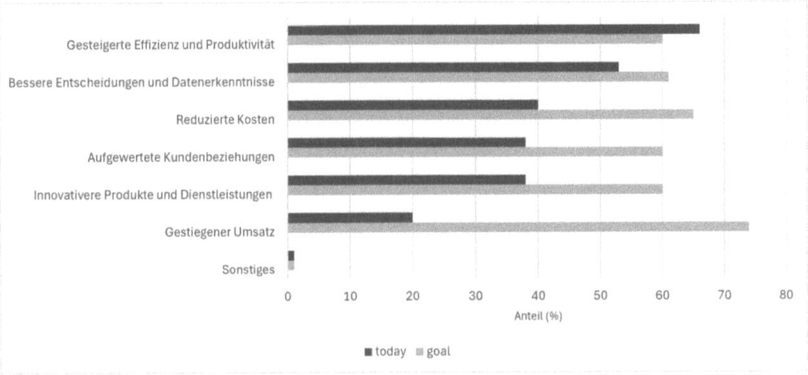

Abb. 4.1 Wertvorteile durch KI heute und erwartet (vgl. Deloitte 2026, n = 3235)

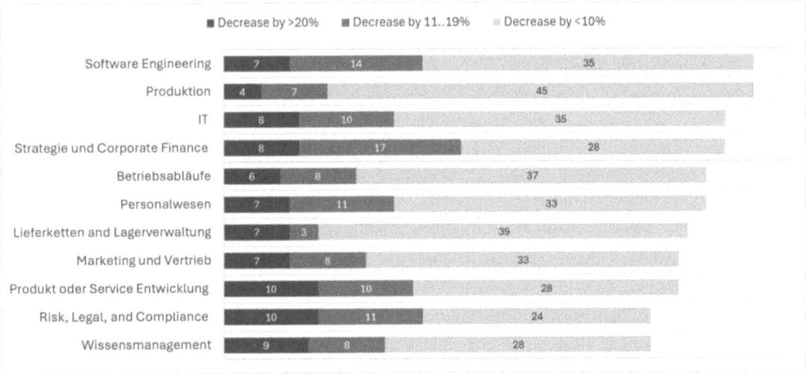

Abb. 4.2 Kostenreduktion durch Einsatz von KI (vgl. McKinsey 2025)

Dokumentieren. Der Nutzen entsteht, wenn Mitarbeitende weniger Zeit mit vorbereitenden oder administrativen Tätigkeiten verbringen und mehr Kapazität für wertschöpfende Aufgaben gewinnen (vgl. Deloitte 2026). Beispiel: Ein Vertriebsagent liest eingehende Kundenanfragen, extrahiert relevante Anforderungen, gleicht diese mit Produktdaten und Features ab und bereitet einen Antwort- oder Angebotsentwurf vor.

Qualität und Risiko

Agentic AI kann Qualität verbessern, wenn Regeln, Standards oder Prüfkriterien systematisch angewendet werden. Ein Agent vergisst keine Checkliste, nutzt aktuelle Vorlagen und kann Abweichungen sichtbar machen. Das erweitert die fachliche Kompetenz, ersetzt sie aber nicht und kann Nacharbeit reduzieren und Konsistenz erhöhen (vgl. Wrobel et al. 2026). Beispiel: Ein Compliance- oder Nachweis-Agent prüft, ob für ein Kundenprojekt alle relevanten Dokumente, Freigaben und Prüfprotokolle vorhanden sind.

Geschwindigkeit und Durchlaufzeit

Mittelständische Unternehmen verlieren Geschwindigkeit oft in Übergaben, Suchzeiten, Wartezeiten und Priorisierung. Agenten können Vorgänge schneller vorqualifizieren, Informationen zusammenführen und nächste Schritte vorbereiten. Dadurch verkürzt sich die Bearbeitungszeit und die Zeit bis zur Entscheidung (vgl. Wrobel et al. 2026). Beispiel: Ein Service-Agent klassifiziert Tickets, erkennt Dringlichkeit, sucht passende Lösungsdokumente und schlägt oder schreibt dem Service-Mitarbeitenden eine Antwort vor.

Wachstum und neue Geschäftsmodelle

Der fortgeschrittene Werthebel liegt nicht nur in interner Effizienz, sondern in neuen Leistungsangeboten. Wenn ein Unternehmen intern einen Agenten für Diagnose, Konfiguration, Wartung, Dokumentation oder Beratung entwickelt, kann daraus später ein digitaler Service für Kunden entstehen. Die Integration von KI-Agenten in Industrie-Produkte und Dienstleistungen ist bereits in vollem Gang, dennoch lassen sich mit neuen LLM-Modellen und verbesserten Datenzugängen weitere Wertschöpfungsmöglichkeiten aufbauen (vgl. McKinsey 2025; Kumar und Kataria 2026).

4.2 Wertbeitrag, Messgrößen und ROI

Die vier Kategorien zeigen, wo Wert entstehen *kann*. Ob er allerdings realisiert wird, hängt an einer Frage, die quer zu allen vieren liegt. Wird der Agent im Arbeitsprozess auch genutzt? Ein Agent kann im Pilotprojekt sehr gute Ergebnisse liefern und trotzdem nach dem Roll-out keinen nennenswerten wirtschaftlichen Effekt erzeugen, wenn er nur von wenigen Mitarbeitenden oder nur in wenigen Fällen genutzt wird (vgl. IBM Research 2025). Die Adoption ist eine wirtschaftliche zu messende Größe. Für die ROI-Betrachtung bedeutet das also: Neben Zeit,

Qualität, Kosten und Risiko muss immer auch gemessen werden, wie tief der Agent organisatorisch verankert ist, denn ohne Nutzung entsteht kein Wertbeitrag.

Nach welchen grundlegenden Prinzipien Unternehmen ihre Investitionen bewerten – etwa nach EBIT-Beitrag, ROCE, Kapitalwert, interner Verzinsung oder ROI – ist individuell und hängt von Branche, Größe, Finanzsteuerung und Entscheidungskultur ab. Dieses Buch versucht daher nicht, eine eigene Finanzmathematik für KI-Agenten zu entwickeln. Entscheidend ist vielmehr, welche Messgrößen und Annahmen benötigt werden, um den möglichen Wertbeitrag eines Agenten realistisch einzuschätzen.

Die Messgrößen entstehen nicht nur im laufenden Betrieb, sondern bereits beim Aufbau, in der Pilotierungsphase und später in der Skalierung. Für die Planung und den Aufbau müssen sie einfach zu erfassen sein und im Betrieb idealerweise automatisiert erstellt werden können.

Die vier Kategorien haben gezeigt, wo Wert entsteht. Sie sagen noch nicht, woran man ihn genau misst. Welche der Messgrößen jeweils relevant sind, wird in der Konzeptionsphase entschieden. Eine Übersicht liefert der Baukasten in Tab. 4.1. Mit den Metriken werden Daten erfasst für die Entscheidung, ob ein

Tab. 4.1 Messgrößen zur Erfassung der Wertvorteile von KI-Agenten. (Eigene Darstellung)

Kategorie	Leitfrage	Beispiel zu Messgrößen
Volumen und Baseline	Welchen Umfang hat der betroffene Prozess heute?	Fälle pro Monat, Minuten pro Vorgang, beteiligte Rollen, Kosten pro Vorgang
Zeit und Produktivität	Wird Arbeit schneller oder mit weniger Aufwand erledigt?	Eingesparte Zeit pro case, mehr Fälle pro Mitarbeitenden, reduzierte Suchzeit
Qualität und Nacharbeit	Werden Ergebnisse besser oder konsistenter?	Fehlerquote, Korrekturschleifen, Erstlösungsrate, Vollständigkeit
Geschwindigkeit und Service Level	Verkürzt sich die Durchlauf- oder Reaktionszeit?	Antwortzeit, Angebotszeit, Ticket-Durchlaufzeit, SLA-Erfüllung
Risiko und Compliance	Werden Fehler, Eskalationen oder Regelverstöße reduziert?	Vermiedene Eskalationen, Audit-Funde, Compliance-Abweichungen
Umsatz und Kundenerlebnis	Entsteht zusätzlicher Wert am Markt?	Conversion Rate, Angebotsquote, Retention, Kundenzufriedenheit

(Fortsetzung)

Tab. 4.1 (Fortsetzung)

Kategorie	Leitfrage	Beispiel zu Messgrößen
Adoption und Prozessdurchdringung	Wird der Agent tatsächlich im relevanten Arbeitsprozess genutzt?	Aktive Nutzer, Nutzungsfrequenz, Anteil bearbeiteter Fälle mit Agent, Abbruchquote, Override-Quote
Kosten des Agenten	Was kostet Aufbau und Betrieb wirklich?	Lizenzen, Integration, Datenaufbereitung, Training, Monitoring, Governance
Realisierter Wertbeitrag	Wie viel des Potenzials wird tatsächlich wirksam?	Nutzungsgrad × Nutzen je Vorgang, realisierte Einsparung, Nettoeffekt, Skalierungspotenzial

Agent getestet, angepasst, skaliert oder verworfen werden sollte, und bildet damit eine wichtige Vorarbeit für den 6-Schritte-Prozess in Kap. 7.

4.3 Entstehungs- und Betriebskosten

Für die monetäre Bewertung des Wertbeitrags müssen neben dem erwarteten Nutzen auch die vollständigen Entstehungs- und Betriebskosten betrachtet werden. Bei KI-Agenten entstehen diese Kosten neben den Softwarelizenzen und API-Nutzung vor allem durch Use-Case-Konzeption, Prozessanalyse, Datenaufbereitung, Systemintegration, Berechtigungskonzepte, Tests, Training, Change Management, Monitoring und laufende Weiterentwicklung. Gerade die indirekten Kosten werden in frühen Business Cases häufig unterschätzt (vgl. Meta Intelligence 2025).

Zum Einstieg braucht es noch keine möglichst genaue Vollkostenrechnung. Im ersten Schritt reicht ein realistischer Blick auf die wesentlichen Kostenblöcke über Aufbau, Pilotierung und Betrieb hinweg völlig aus.

Praxisbeispiel

Anmerkung: Das folgende Rechenbeispiel ist illustrativ. Die Werte sind plausibel gewählt, aber angenommen. Es geht in erster Linie um die Rechenlogik und weniger um einen dokumentierten Einzelfall.

Ein KI-Agent unterstützt ein Service Team eines Komponentenherstellers bei Recherche und Antwortvorbereitung. Das Team bearbeitet durchschnittlich 1000 Anfragen pro Monat. Pro Anfrage werden durch Klassifikation der Problemstellung, Recherche nach relevanten Dokumenten und Informationen und Antwortvorbereitung durchschnittlich 10 min eingespart. Das entspricht 10.000 min oder rund 167 h pro Monat. Bei internen Vollkosten von 60 € pro Stunde entsteht ein monatlicher Zeitnutzen von durchschnittlich 10.000 €, also 120.000 € pro Jahr. Die Adoptionsrate liegt bei 85 %, also werden 102.000 € auch realisiert. Liegen die jährlichen Gesamtkosten des Agenten bei 70.000 €, ergibt sich ein rechnerischer jährlicher Nettoeffekt von 32.000 € und ein ROI von rund 46 % nach einem Jahr. ◄

Das Beispiel zeigt: der Wertbeitrag ist real, aber nicht selbstverständlich. Zwischen möglichem und realisiertem Wert liegt genau die Lücke, an der viele Vorhaben scheitern. Welche Hintergründe das hat, klärt das nächste Kapitel.

Adaptionsfähigkeit und Wandel 5

Eigentlich sollten wir uns über jede technische Neuerung freuen, denn sie ist ja zumeist menschengemacht und will uns idealerweise das Leben erleichtern. Dem steht die Macht der Gewohnheit entgegen und diese sorgt für Herausforderungen in Veränderungsprozessen, wie sie durch agentische KI entsteht.

5.1 Lücke zwischen Organisation und Technologie

Technologischer Wandel – und agentische KI ist das jüngste Beispiel – schreitet schneller voran, als Organisationen ihn wirksam aufnehmen und nutzen können. Dadurch entsteht eine wachsende Lücke zwischen technologischem Wandel und organisationaler Anpassungsfähigkeit. Abb. 5.1 zeigt sie rein qualitativ als das, was Teller als „Kontrollverlust" beschreibt: Die Technik erneuert sich in einem Takt, dem die Strukturen, Prozesse, Rollen und Führung in Organisationen oft nicht mehr folgen können. Je weiter die Kurven auseinanderlaufen, desto mehr Menschen im Unternehmen erleben Veränderung als etwas, das über sie hinwegrollt, statt als etwas, das sie gestalten können.

Dieser Eindruck täuscht nicht. In einer aktuellen Untersuchung unter 472 Führungskräften nannte fast die Hälfte (49 %) Menschen, Fähigkeiten und Kompetenzen als größte Hürde für die Wertschöpfung mit KI, Organisation und Prozesse folgten mit 37 %. Die technischen Anforderungen rangierten mit 34 % dahinter (vgl. Mikhaylenko et al. 2026). Die Verantwortlichen zeigen also nicht zuerst auf die Technologie, sondern auf die Fähigkeit der eigenen Organisation, mit dieser Technologie wirksam umzugehen.

Vor diesem Hintergrund wird in aktuellen Studien zunehmend das Bild der AI-first Company beschrieben. Gemeint ist damit nicht nur der breite Einsatz einzelner

N. Trapp, *Agentic AI im Mittelstand*, essentials,
https://doi.org/10.1007/978-3-662-74552-6_5

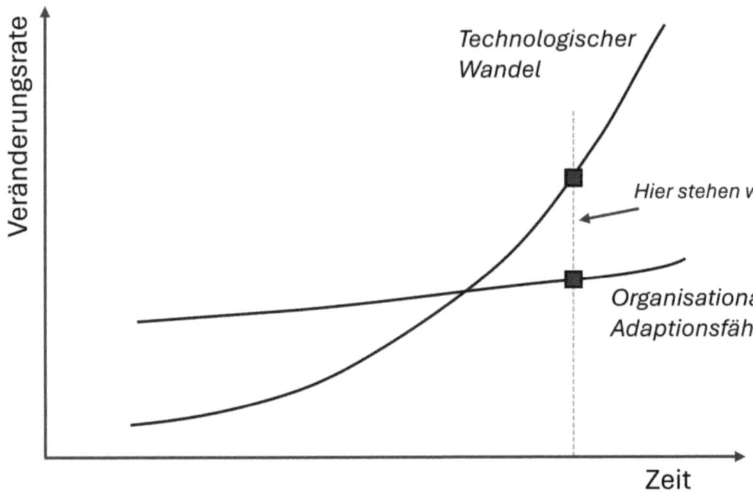

Abb. 5.1 Technologischer Wandel und organisationale Adaptionsfähigkeit. (Eigene Darstellung nach Teller in Friedman 2016, p. 29 ff.; Bersin et al. in Deloitte 2017)

KI-Werkzeuge, sondern die tiefere strategische Integration von KI in Organisation, Geschäftsmodell, Prozesse und Entscheidungsfindung (vgl. Deloitte 2025).

Für viele mittelständische Unternehmen, die gerade erst in die Nutzung agentischer KI einsteigen, ist diese Perspektive noch weit entfernt. Trotzdem zeigt sie die Richtung der Entwicklung auf. KI wird nicht dauerhaft ein zusätzliches Werkzeug an einzelnen Stellen in der Organisation bleiben. Sie verändert grundlegend, wie Arbeit organisiert, Wissen genutzt, Entscheidungen vorbereitet und Verantwortung verteilt wird, Damit verändert sich auch die Logik der Einführung. Agentische KI lässt sich nicht wie ein klassisches IT-System einführen, das nach Projektplan implementiert, geschult und anschließend betrieben wird. Die Einführung von agentischer KI ist eine organisationale Transformationsaufgabe.

5.2 Organisation und Transformation

Der Mensch ist ein Gewohnheitstier und nur ungern bereit, diese einfach zu verändern oder aufzugeben. Das wird besonders dann kritisch, wenn man versucht, nicht nur einen einzelnen Menschen zu anderer Handlung zu bewegen, sondern eine ganze Organisation. Ein kurzer Ausflug in die Soziologie hilft hier, die Aufgaben in einer Transformation von Organisationen zu verstehen. Im Business-Alltag denken wir oft an Aufbau- und Ablauforganisation, Org-Charts und ISO9001, und wenn wir etwas verändern, dann schreiben wir den Prozess um, und tragen andere Namen in ein neues Orgchart ein. Dieser eher mechanistischen Sichtweise steht eine soziale Beschreibung gegenüber.

Stark vereinfacht bestehen Organisationen in ihrem Kern aus Kommunikation und Mustern. Als in sich geschlossene Systeme sind sie selbstreferentiell, also jede Entscheidung baut auf einer vorigen Entscheidung auf und erzeugt gleichzeitig die Basis (also Anschlussfähigkeit) für künftige Entscheidungen. Als Mitglied einer Organisation akzeptiert man, solche Entscheidungen mitzutragen. Dabei sind die Spielregeln (sogenannte Entscheidungsprämissen), nach denen entschieden wird, bekannt und strukturieren die Organisation in Programme, Kommunikationswege und Personen (vgl. Luhmann 2000).

Ein solches soziales System zu verändern, bedeutet also, die Spielregeln zu verändern und damit die Art und Weise, wie Entscheidungen zustande kommen und wie kommuniziert wird. Jede Organisation ist einzig, weil ihre Teile Individuen sind. Daher ist ein Veränderungsvorhaben immer individuell und erfordert eine gute Beobachtung im Unternehmen, um zu erkennen, wie weit oder hoch eine Organisation bereit ist zu „springen". Die Weiterentwicklung einer Organisation funktioniert evolutionär und in Zyklen.

Solange man Veränderung allerdings als Projekt begreift, also spezifizieren, einführen, schulen, abschließen, behandelt man ein soziales System wie eine Maschine. Das mag bei einer Softwareeinführung tragen, nicht aber bei einer Technologie, die mit hoher Geschwindigkeit in alle Prämissen eingreift. Was es braucht, ist die dauerhafte Fähigkeit, sich kontinuierlich zu verändern. Diese Fähigkeit aufzubauen, ist der Kern von Organisationsentwicklung und der Grund, warum die Einführung agentischer KI nicht in einen Projektplan passt.

5.3 Organisation verändert sich in Zyklen

Agentische KI greift also genau in alle Spielregeln ein und berührt damit Programme, Kommunikation und die Personen und deren Rolle. Es braucht ein systematisches und transparentes Vorgehen, um eine solche Transformation zyklisch umzusetzen.

Kurt Lewin (1947) beschreibt das als „unfreezing" (eine bestehende Struktur wird geöffnet, Gewohnheiten hinterfragt, und die Notwendigkeit von Veränderung aufgezeigt), „changing" (die eigentliche Veränderung des Prozesses, des Verhaltens oder Arbeitsweise, das Ausprobieren und Entwickeln) und „refreezing" (den neuen Zustand etablieren, Vertrauen aufbauen, Rückfall in alte Muster verhindern).

Das 6-Schritte Modell in Kap. 7 folgt genau dieser organisationalen Veränderungslogik und sorgt für eine ganzheitliche und transparente Weiterentwicklung der Organisation bei der Einführung von agentischer KI.

5.4 Führung im Wandel

Eine wichtige Komponente für den Erfolg von Transformation im Allgemeinen und spezifisch in der Einführung von agentischer KI sind die Führungskräfte eines Unternehmens. Dabei sind drei Blickwinkel auf Führung von Bedeutung.

Selbstführung
Jede Führungskraft ist zuerst selbst von der Veränderung berührt. Neu an der agentischen KI ist die Art des Kontrollverlusts. Es geht nicht mehr nur darum, einen anderen neuen Prozess zu akzeptieren, sondern Aufgaben an einen digitalen Mitwirkenden abzugeben, der selbst entscheiden kann. Der „Kontrollverlust", der zu Beginn dieses Kapitels die Organisation beschrieb, wird hier persönlich. Wer zum ersten Mal einem Agenten eine Entscheidung überlässt, die bisher seine war, muss den Reflex aushalten können, sofort wieder einzugreifen. Die Aufgabe ist es jetzt, eine Balance zwischen notwendiger Kontrolle und sinnvoller Erprobung zu finden. Das gelingt nur demjenigen, der den eigenen inneren Kompass kennt und in Veränderung weniger eine Bedrohung als eine Gestaltungsmöglichkeit sieht. Unsicherheit gehört in Veränderungen dazu. Sie ist die natürliche Begleiterin explorativer Vorhaben.

Führungsrolle
Hier stellt sich die Frage, was mit der eigenen Führungsrolle passiert, wenn agentische KI einen Teil der Aufgaben übernimmt oder Themen bearbeitet, für die die Führungskraft bisher gestanden hatte. Hier verschiebt sich der Inhalt der Führungsrolle.

Während KI-Systeme zunehmend Informationen verarbeiten, Inhalte erzeugen, Analysen erstellen und operative Entscheidungen vorbereiten, gewinnen Themen wie Kontextualisierung, Urteilskraft, Sinngebung sowie soziale Orientierung an Bedeutung. Insbesondere die Gestaltung von Entscheidungsrechten ist eine grundlegende Verschiebung aus der Führungsrolle, weil man erstmals nicht an einen Mitarbeitenden, sondern ein selbstständig handelndes System delegiert. Dabei ist zu unterscheiden, dass man Entscheidungsrechte überträgt, aber nicht die Ergebnisverantwortung dafür. Führung wird damit weniger zur Quelle aller Antworten und stärker zur Architektin der Zusammenarbeit zwischen Menschen und intelligenten Systemen (vgl. Sternfels et al. 2026). Diese Verschiebung ist allerdings heute noch nicht tiefgreifend umgesetzt. Nur 15 % der Unternehmen haben die Führungsrolle im Kontext von KI neu aufgestellt und 59 % halten ihre Führung für unzureichend vorbereitet auf die Auswirkungen von KI-Einführung (vgl. Asgarian et al. 2026).

Team- und Unternehmens-Führung
Bei Veränderung schaut ein Team zuerst auf seine Führungskraft oder die Bereichsleitung auf die C-Levels. Und oftmals ist die dringlichste Frage die nach dem eigenen Platz: Was wird aus mir? Wie im vorigen Abschnitt gezeigt, verändern sich Rollen real. Manche Tätigkeiten verschwinden, weil sie mit KI effizienter gelöst werden können. Besonders die stark strukturierten, routinehaften Aufgaben sind davon betroffen. Andere Aufgaben entstehen neu, mit anderen Anforderungen. Die Datenlage stützt dieses doppelte Bild. Die Reduktion von Arbeitsplätzen erfolgt demnach dort, wo Routine- und zunehmend auch wissensintensivere Aufgaben (Suchen, Analysieren, Texten, Software Coding etc.) durch die KI ersetzt werden können und die höhere Produktivität zu einem geringeren Bedarf an Arbeitskräften führt. Durch Aufbau und Betrieb von Rechenzentren und KI-bezogenen Aufgaben im Unternehmen oder neuen Geschäftsmodellen entstehen neue Arbeitsplätze. Die Zahl der Erwerbstätigen bleibt langfristig in etwa konstant, mittelfristig liegt sie durch die Effizienzgewinne etwas niedriger, bei gleichzeitig deutlich gestiegener Produktivität. Diese ruhige Gesamtzahl täuscht aber: Hinter ihr werden über den 15-Jahres-Zeitraum rund 1,6 Mio. Arbeitsplätze auf- oder abgebaut (vgl. IAB 2025).

Für die Organisation ist das ein Umbau, für den einzelnen Menschen in einer wegfallenden Rolle ist es das oft nicht. Beides gleichzeitig ehrlich zu benennen, also die Veränderung und die Begleitung oder Umschulung in neue Aufgaben, ist die eigentliche Führungsleistung. Wer nur beruhigt, verliert das Vertrauen des Teams.

Eine unbeantwortete Sorge der Mitarbeitenden, unabhängig auf welcher Ebene, durch die Führung verschwindet nicht, sie geht in den Untergrund. Aus Angst wird Rückzug, Zynismus oder die stille Entscheidung, den KI-Agenten einfach nicht zu nutzen (stiller Protest). Damit schließt sich der Kreis zum wirtschaftlichen Kern. Was als menschliche Sorge beginnt, endet als ausbleibende Nutzung und damit reduziertem Wertbeitrag wie schon dargestellt. Die klare Führung eines Teams, eines Bereiches und des gesamten Unternehmens durch den Wandel ist deshalb die Bedingung dafür, dass die Einführung agentischer KI überhaupt wirkt.

Was ein Team braucht, ergibt sich direkt aus dem, was es fürchtet. Unklarheit beantwortet die Führungskraft mit Orientierung, Misstrauen mit Transparenz, die

Angst vor Fehlern beim Ausprobieren mit psychologischer Sicherheit, also dem geteilten Verständnis, dass Lernen im Neuen erlaubt ist und Fehler die Grundlage von Lernen sind. Dazu gehört auch, die Sorgen der Mitarbeitenden aktiv aufzugreifen. Die Führungskraft wird zum Vertrauensmanager in zwei Richtungen: nach innen ins Team gibt sie Sicherheit, nach „oben" trägt sie die Bedenken des Teams. Das setzt voraus, die leisen Signale im operationalen Alltagslärm überhaupt zu erkennen, denn ein Team spricht Angst selten offen aus. Hier ist Empathie eine grundlegende Führungsfähigkeit, die hilft, zuzuhören, zu verstehen, einzuordnen und zu handeln (vgl. Goleman 2010, p. 58 ff.). Und weil das Team künftig nicht nur aus Menschen besteht, sondern Mensch und Agent zusammenarbeiten, gehört zur Führungsaufgabe, Aufgaben und Vertrauen zwischen beiden auszutarieren, ohne dass sich die Mitarbeitenden entwertet fühlen (vgl. Stowasser et al. 2022; Mohn 2025).

Die Einführung agentischer KI ist eine Transformation, die in die Spielregeln der Organisation eingreift und die Führung auf allen Ebenen ist das Organ, das diese Veränderung trägt und im Alltag umsetzt. Doch Reife und Haltung allein schließen die Lücke zwischen technischem Wandel und organisationaler Adaptionsfähigkeit nicht. Es braucht einen Weg, der ein strukturiertes, wiederholbares Vorgehen aufzeigt, der die Transformation gestaltbar macht.

In sechs Schritten zur erfolgreichen autonomen Agentic-AI-Einführung

6

Die Herausforderungen aus Kap. 6 zeigen, dass die Einführung autonomer KI-Agenten unterschiedliche Blickwinkel berücksichtigen muss. Technische Machbarkeit allein reicht nicht aus. Entscheidend ist, ob ein sinnvoller Anwendungsfall vorliegt, ob und wie die Organisation auf dessen Nutzung vorbereitet wird, damit der erwartete Nutzen tatsächlich realisiert werden kann.

Grundsätzlich ist für den Erfolg wichtig, dass die Unternehmensführung für einen gewissen Freiraum und die psychologische Sicherheit sorgt. Aus der Management-Ebene sollte von Beginn an klare Unterstützung für den Prozess sichtbar sein, sodass Mitarbeitende erkennen, dass das Unternehmen agentische KI einführen und nutzen will und gemeinsam vorangeht. Die Initiative dafür gehört in die Unternehmensführung mit einem verantwortlichen Sponsor.

6.1 Übersicht

In diesem Kapitel werden sechs Schritte beschrieben, die ein strukturiertes Vorgehen ermöglichen. Zur organisatorischen Verankerung sind zwei Teams sinnvoll. Ein Basisteam bestehend aus der Management-Ebene (Bereichsleitungen, Executive Sponsor) begleitet das Programm durchgehend und hat die Aufgabe, den Use Case auszuwählen und ein KI-Team zu beauftragen und für einen hindernisfreien administrativen Rahmen zu sorgen. Die interne Unternehmenskommunikation wird ebenfalls hier verantwortet. Das KI-Team wird für die Phasen 3 bis 5 eingesetzt und sorgt für die Umsetzung des Pilotprojektes. In Abb. 6.1 ist dies in einer Übersicht zusammengefasst.

N. Trapp, *Agentic AI im Mittelstand*, essentials,
https://doi.org/10.1007/978-3-662-74552-6_6

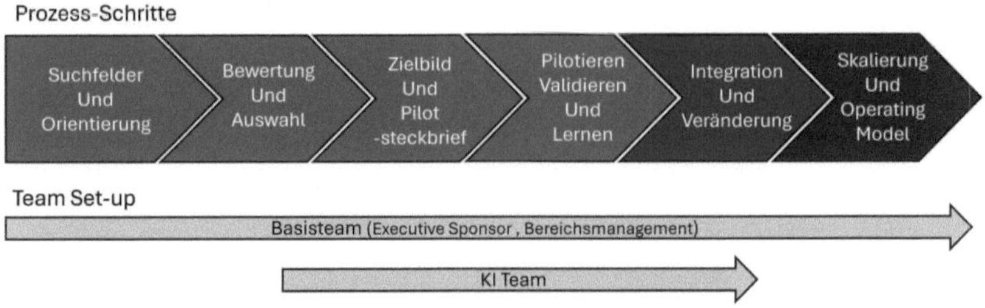

Abb. 6.1 Übersicht des 6-Schritte-Prozesses. (Eigene Darstellung)

6.2 Schritt 1: Suchfelder und Orientierung

Der erste Schritt besteht darin, im eigenen Unternehmen geeignete Suchfelder für den Einsatz von KI-Agenten zu identifizieren. Aber bevor der erste Suchauftrag ins Unternehmen gegeben wird, ist es für die Organisation wichtig, das „Warum" zu klären. Autonome KI-Agenten greifen tiefer in die Arbeit und das Miteinander ein als jedes Tool zuvor. Dort, wo dieses „Warum" fehlt, entsteht angesichts der aktuellen Nachrichtenlage zu Stellenabbau aufgrund von KI fast zwangsläufig der Verdacht, hier laufe ausschließlich ein Rationalisierungsprogramm. Genau dieser Verdacht ist der zuverlässigste Weg, das ganze Vorhaben auszubremsen und erheblichenWiderstand beispielsweise in Arbeitnehmervertretungen oder einem Betriebsrat zu erzeugen.

Wichtig ist also ein vergemeinschaftetes Ziel. Wohin will das Unternehmen, was soll KI dazu beitragen und was ausdrücklich nicht. Erst wenn ein gutes Verständnis entstanden ist, beginnt die Suche nach Use Cases im eigenen Haus. Denn auch wenn zahlreiche Beispiele aus Fachartikeln, Studien oder anderen Unternehmen bekannt sind, lassen sie sich nicht ohne Weiteres einfach übertragen. Denn nur weil ein anderes Unternehmen beispielsweise im Marketing KI-Agenten für Website, Kampagnenplanung oder Texterstellung einsetzt, bedeutet das nicht automatisch, dass dies im eigenen Unternehmen auch der richtige Ansatz ist.

Für die Suche nach möglichen Einsatzfeldern ist es hilfreich, auf nachfolgende Triggerpunkte zu achten. Die Auswahl dieser Triggerpunkte orientiert sich an etablierten Kriterien aus Prozessautomatisierung, Business Process Management, AI-Readiness und Human-Centered AI (vgl. Dumas et al. 2003 und Shneiderman 2022). Besonders relevant sind dabei Wiederholbarkeit, Beschreibbarkeit, Datenverfügbarkeit, Nutzenpotenzial und organisatorische Einbettung:

Wiederkehrende Tätigkeiten
Autonome KI-Agenten sind besonders dort interessant, wo Aufgaben regelmäßig auftreten, und nach ähnlichen Mustern bearbeitet werden. Je häufiger eine Tätigkeit wiederkehrt, desto eher lohnt sich die Frage, ob ein Agent unterstützen, vorbereiten oder Teile der Aufgabe übernehmen kann.

Gut beschreibbare Abläufe
Ein guter Ausgangspunkt sind Tätigkeiten, bei denen Klarheit über Ablauf, Input, Entscheidungsschritte und Ergebnis besteht. Wenn eine Aufgabe gut beschrieben werden kann und im Unternehmen weitgehend einheitlich durchgeführt wird, steigt die Wahrscheinlichkeit, dass sie für den Einsatz eines KI-Agenten geeignet ist.

Hoher manueller Aufwand
Viele Prozesse enthalten Tätigkeiten, die heute noch stark manuell ausgeführt werden: Informationen suchen, Daten übertragen, Dokumente prüfen, Antworten vorbereiten oder Reports erstellen. Nicht jede manuelle Tätigkeit sollte automatisiert werden. Dort, wo jedoch hoher Aufwand mit wiederkehrenden Mustern und guter Datenlage zusammenkommt, entsteht ein relevantes Suchfeld.

Vorhandene Datenbasis
KI-Agenten benötigen Informationen, mit denen sie arbeiten können. Deshalb ist zu prüfen, ob die benötigten Daten bereits digital vorliegen, etwa in ERP-, CRM-, HR- oder Ticketsystemen, in Datenbanken, SharePoint-Strukturen oder anderen Fachanwendungen. Entscheidend ist nicht nur, ob Daten vorhanden sind, sondern auch, ob sie aktuell, strukturiert, zugänglich, gepflegt und für den jeweiligen Zweck nutzbar sind.

Erkennbares Nutzenpotenzial
Ein mögliches Einsatzfeld sollte einen nachvollziehbaren Nutzen versprechen. Dieser kann zum Beispiel in Zeitgewinn, höherer Qualität, schnellerer Bearbeitung, besserer Transparenz, Entlastung von Experten, geringerer Fehleranfälligkeit und natürlich reduzierten Kosten liegen. In diesem ersten Schritt geht es noch nicht um einen vollständigen Business Case. Es braucht jetzt erst einmal eine qualitative Einschätzung, ob der Aufwand für eine genauere Prüfung gerechtfertigt ist.

Sinnvolle Einbettung in bestehende Prozesse
Ein KI-Agent arbeitet nicht im luftleeren Raum. Deshalb sollte früh betrachtet werden, wie stark eine Tätigkeit in bestehende Prozesse eingebunden ist. Handelt

es sich um eine isolierte Aufgabe, einen unterstützenden Prozess, einen zentralen Kernprozess oder eine bereichsübergreifende Aufgabe mit vielen Schnittstellen? Diese Einordnung hilft, einzuschätzen, ob ein Anwendungsfall für einen ersten Einstieg geeignet ist oder ob er aufgrund seiner organisatorischen Tragweite und Komplexität besser später betrachtet werden sollte.

Vorgehensweise in Schritt 1

Zur Projekteinführung ist es sinnvoll, ein Basisteam aus dem Sponsor aus dem Management plus den eingebundenen Leitern der Bereiche oder Fachabteilungen aufzusetzen und einen Rahmen für das Vorhaben abzustecken. Hier geht es um das „buy-in" und einen Kommunikationsrahmen zu Beginn, der alle Fragen und eine gemeinsame Vorgehensweise festlegt. Dieses Team wird während der Initiative zyklisch zusammenkommen und die Beobachtungen und den Fortgang auf Managementebene teilen.

Die Suchaufgabe selbst lässt sich nach einer Projekteinführung gut in den einzelnen Abteilungen durchführen, wie z. B. Vertrieb, Marketing, Produktmanagement, Service, R&D, Einkauf, HR, Finance, Produktion oder Administration. Jeder Bereich bekommt die Aufgabe, gemäß einiger Leitfragen relevante Use Cases herauszuarbeiten. Diese sind in dem nachfolgenden Opportunity Canvas in Abb. 6.2 beispielhaft zusammengefasst:

Der Canvas ist einfach gehalten und wird pro Bereich in der Regel nicht mehr als zwei Stunden Teamarbeit in Anspruch nehmen.

Unternehmensbereich

Tätigkeit	Grad der Standardisierung	Aufwand	Datenlage	Nutzenpotential	Abhängigkeit und Vernetzung	Relevanz
Welche konkrete Tätigkeit wird heute regelmäßig ausgeführt?	Wie vereinheitlicht und beschreibbar ist die Aufgabe? 1 – stark individuell 2..4 5 – klar beschrieben und dokumentiert	Welcher Aufwand wird heute für diese Aufgabe aufgewendet? Niedrig – wenige Std / Monat Mittel – regelmäßiger Aufwand mehrere Personen Hoch – erheblicher wiederkehrender Aufwand	Liegen die Daten strukturiert und aktuell, sowie digital vor ? 1 – Daten fehlerhaft, händisch, nicht strukturiert 2 – Daten vorhanden, unstrukturiert 3 – vorhanden, unklarer Zugriff 4 – gute Verfügbarkeit, 5 – strukturiert, aktuell, digital zugänglich	Welcher Nutzen würde sich aus einer Umsetzung auf autonome KI Systeme ergeben? zB • Zeit • Qualität • Geschwindigkeit • Wissen • Compliance • Risikoreduktion …	Wie stark ist die Tätigkeit in zentrale Abläufe eingebunden bzw. abhängig? zB • Seitenstrang • Unterstützungs-prozess • Kernprozess • Schnittstellen-prozess • Kritischer Prozess	Wie wichtig ist dieser „Use Case" aus Sicht des Bereiches 1 – nice to have 2 – hilfreich, nicht dringlich 3 – relevant 4 – sehr relevant 5 – akuter Schmerzpunkt oder strategisch wichtig
Tätigkeit 1	3	mittel	2	Qualität	Seitenstrang	2
Tätigkeit 2	5	hoch	4	Risikoreduktion	Kernprozess	4

Abb. 6.2 Opportunity Canvas. (Eigene Darstellung)

▶ **Empfehlungen zur Umsetzung**

- Moderation in jedem Bereich
  Schulen Sie vorab mindestens einen „gewählten" Mitarbeiter pro Abteilung in der Moderation dieser Aufgabe, sodass dieser die Suchaufgabe für seine Abteilung durchführen und dokumentieren kann. So erhalten Sie strukturierten Input und beteiligen gleichzeitig Mitarbeitende am Prozess.
- Transparenz in der Kommunikation
  Stellen Sie die Ergebnisse den Abteilungen zur Verfügung, sodass erkennbar wird, dass eine breite Beteiligung im Unternehmen vorhanden ist.

Das Ergebnis dieses ersten Schrittes ist eine strukturierte Sammlung möglicher Einsatzfelder quer durch das Unternehmen, die jetzt im nächsten Schritt beschrieben, bewertet und priorisiert werden können.

6.3 Schritt 2: Bewertung und Auswahl

Die Aufgabe besteht darin, die lange Liste an Vorschlägen aus den Unternehmensbereichen einer Bewertung zu unterziehen. Das Ziel ist es, aus den vielen Vorschlägen den einen Use Case herauszufiltern, mit dem man als Pilot für Agentic AI startet. Als Richtschnur gilt:

▶ Der ideale erste Pilot ist sichtbar genug, um zu zählen, und sicher genug, um scheitern zu dürfen.

Braucht jeder UseCase einen KI-Agenten?
Die erste etwas globalere Frage stellt sich. Muss man alles mit KI-Agenten machen? Auch wenn es in der öffentlichen Wahrnehmung manchmal so anfühlt, als würde man so ziemlich alles mit KI-Agenten besser machen, so ist dem nicht überall so. Natürlich wird man einige Use Cases finden, die man mit einer geschickten Software-Automation oder einem Tool oder einer System-App lösen kann, ohne agentische KI und LLMs. Hier ist bei der Erstbewertung etwas Expertise notwendig aus R&D und IT, um solche Use Cases aus der Liste für potenzielle KI-Agenten initial herauszunehmen (und sie dann aber sicher anders zu bearbeiten). Es entsteht also eine Liste der Use Cases, die von KI-Agenten profitieren.

Die Kriterien, anhand derer man jetzt diese Vorschläge priorisiert, sind in vier Kategorien darstellbar.

Nutzen

Aus einer Managementperspektive lässt sich einschätzen, was für das Unternehmen vordringlich wichtig ist. So könnten hier beispielsweise alle Use Cases, die ausschließlich Wissenszugänge verbessern, niedriger gewichtet werden als solche, die Geschwindigkeit ins unternehmerische Handeln bringen. Ebenso sollte diskutiert werden, wie eine einfache Messbarkeit erzeugt werden kann und ob der Use Case das Potenzial hat, für weitere Anwendungen im Unternehmen eine Blaupause darzustellen (Stichwort „Skalierbarkeit“).

Machbarkeit

In Deutschland ist dem Ingenieur ja bekanntlich nichts zu schwer, allerdings geht es hier weniger darum, dass man einen Use Case auch umsetzen kann. Mit unbegrenzten Ressourcen und Investitionen geht so ziemlich alles. Hier geht es aber um die Frage, wie einfach die Umsetzung ist, und das schließt begrenzten Aufwand in Ressourcen und Investition mit ein. Ebenso sollte das Wissen zu dem Use Case im eigenen Haus verfügbar sein. Die schon abgefragte Datenverfügbarkeit sollte an dieser Stelle nochmals einer genaueren technischen Evaluation unterzogen werden, weil Daten das Lebenselixier für KI-Agenten sind – „schlechte“ Daten liefern schlechte Ergebnisse. Die Frage, ob notwendige Informationen wirklich digital verfügbar, gepflegt und zugänglich sind, ist also essenziell. Ein weiterer Aspekt ist die Anzahl der Schnittstellen zu und Abhängigkeiten von Nachbaranwendungen, Prozessen oder Abteilungen.

Risiko

Im Abschn. 3.3 wurde auf die Risiken autonomer agentischer Systeme eingegangen. In diesem Schritt geht es jetzt darum, die möglichen Risiken einzuschätzen und als Ausschlussfilter zu nehmen. Wenn ein erster Use Case, sei er noch so wertvoll und nutzenstiftend, einen hohen „Schadensradius“ hat, z. B. sehr sensible Daten nutzt, sehr weitreichend vernetzt sein muss und damit bei Fehlern einen hohen Risikofaktor für das Unternehmen birgt o. ä., dann ist es sinnvoll, solch einen UseCase als erste Pilotanwendung auszuschließen.

Organisationale Bereitschaft

Veränderungen in einer Organisation sind, wie schon in Abschn. 6.2 dargestellt, eine Reise mit Ungewissheiten. Hier spielt sowohl die direkte Führungsrolle des Bereiches als auch die Haltung der Mitarbeitenden eine wichtige Rolle. Gerade bei umfangreicheren Änderungen von Prozessen und damit den Rollen der Mitarbeitenden, ist die Arbeitnehmervertretung oder der Betriebsrat frühzeitig in die Ideen und Planung einzubeziehen. Der dokumentierte und sichtbare Wille aus dem

Management wurde bereits benannt ebenso wie eine gute Kommunikationsarchitektur. Dennoch braucht es im Gegenzug auch Mitarbeitende, die eine Offenheit und Neugier für das Thema agentische KI haben oder entwickeln und die lernbereit sind und akzeptieren, dass es sowohl um die eigene Weiterentwicklung als auch die des Unternehmens geht und „Fehler" zum Lernen dazugehören. Dasselbe gilt für die Führungsrolle, die die Sicherheit und einen gewissen Schutz geben muss, um diese Einstellung zu etablieren und zu unterstützen.

Ein eigens entwickelter KI-Readiness-Check findet sich unter: **https://www.inxelerate.com/ai/agentic-ai-readiness-check**

Vorgehensweise Schritt 2

Bei der Vielzahl an möglichen Parametern und Fragestellungen besteht die Gefahr, dass man sich in Details verliert an einer Stelle, wo es eigentlich darum geht, ins Tun zu kommen. Wenn man die Diskussion überfrachtet mit Detailfragen zu allen verbliebenen Use Cases, wird man nur schwer zu einer Entscheidung kommen. Daher ist der Vorschlag an dieser Stelle, mit einer einfachen zweidimensionalen Matrix zu arbeiten und die Use Cases aus der Liste in dem vormals genannten Basisteam in einem Workshop einer rein qualitativen Einschätzung zu unterziehen.

Die dargestellte Matrix in Abb. 6.3 zeigt zwei der genannten Dimensionen, Nutzen und Machbarkeit. Zum Nutzen gab es in der Ursprungstabelle bereits eine Aussage aus den Abteilungen. Zusätzlich wird die Spalte Aufwand herangezogen, die darstellt, welche Zeit heute in diese Aufgabe geht bzw. wie häufig dieser Use Case auftritt. Bei Verwendung dieser Einschätzungen aus der Tabelle lassen sich die Use Cases grob, aber gut von niedrigem bis hohem Nutzen einsortieren.

Die Machbarkeit fokussiert eine Umsetzung mit heute vorhandenen Mitteln. Man zieht die Datenfrage aus der Tabelle heran, ebenso die Aussage zur Vernetzung bzw. Abhängigkeit. Wie stark muss man bestehende Prozesse anfassen, umbauen oder gänzlich neugestalten? Wie viele Sonderfälle zum Use Case treten auf oder ist der Umfang der Aufgabe gut abzugrenzen? Wie umfangreich ändern sich die Rollen von Mitarbeitenden? Lassen sich hinreichende Akzeptanzkriterien finden, damit die Organisation das Ergebnis auch umsetzt und nutzt? Diese Fragen lassen die Einschätzung zu leichter oder schwerer Umsetzbarkeit zu. So entsteht

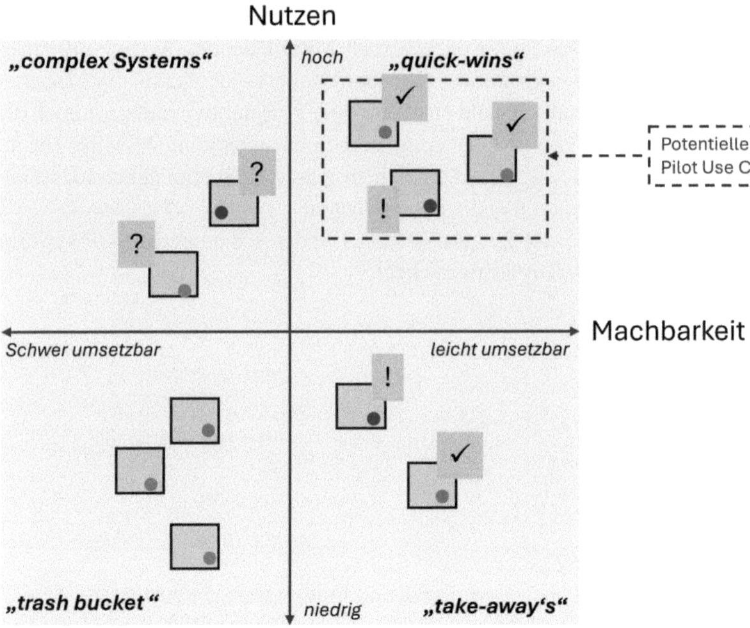

Abb. 6.3 Bewertungsmatrix der Use Cases. (Eigene Darstellung)

eine Verteilung der Use Cases aus dem Canvas aus Abb. 6.2 in der Matrix in Abb. 6.3.

Im nächsten Arbeitsschritt geht es jetzt darum, die Risikoeinschätzung mit zu berücksichtigen. Dazu werden im Workshop für jeden Use Case drei Farben zur Risikoklasse in Form von Klebepunkten verteilt. Rot ist kritischer Risikolevel, blau ist handhabbares Risiko und grün ist geringes Risiko. Sinnvoll ist hier eine moderierte Diskussion, da unterschiedliche Blickwinkel und Perspektiven auf das Thema bestehen. Typische Leitfragen für die Diskussion können sein:

- Was ist der schlimmste Fall in dem Use Case, wenn der Agent einen Fehler macht (Thema Tragweite, Konsequenz, Umfang der Betroffenheit)?
- Ist der Fehler umkehrbar, kann man ein Ergebnis zurücknehmen oder korrigieren, bevor der Schaden entsteht?
- Fällt ein Fehler sofort auf oder kann er sich still fortpflanzen?

- Wie sensibel sind die verwendeten Daten – Thema Compliance, personenbezogene Daten, DSGVO?
- Welche regulatorischen und oder Haftungsfragen sind anhängig – Thema Vorgaben, Nachweispflichten, Rechtsrahmen (z. B. EU AI Act)?
- Wie sichtbar wäre ein Fehlschlag nach außen (Thema Reputation bei Kunden oder Partnern)?

Der letzte Arbeitsschritt betrachtet die Organisation. Letztlich wird der Use Case in einer der Abteilungen als Pilot aufgesetzt und ausgerollt. Dazu sollte dieser Teil der Organisation auch bereit sein. Zur Einschätzung dieser Dimension werden drei Symbole verwendet, ein Haken (passt, Unterstützung vorhanden), ein Fragezeichen (unklar, mit Widerstand ist zu rechnen) und ein Ausrufungszeichen (sichtbarer Widerstand).Zur Einschätzung der Bereitschaft kann man folgende Fragen stellen:

- Ist der Use Case aus Eigeninitiative entstanden?
- Ist die Grundhaltung der Mitarbeitenden eher neugierig und offen oder eher skeptisch und abwehrend?
- Gibt es bereits Veränderungserfahrungen und daraus ein gewisses Grundvertrauen?
- Gibt es Erfahrungen im Umgang mit Fehlschlägen und existiert Lernbereitschaft?
- Gibt ein Führungsteam ausreichend psychologische Sicherheit, um Lernen zu ermöglichen?

Zur Auswertung des Gesamtbildes schließt man alle mit rotem Punkt markierten Use Cases aus, weil das Risiko für einen Piloten zu hoch ist. Dann nimmt man den Use Case oben rechts, wo die organisationale Bereitschaft am besten aussieht.

Das klingt intensiv und das ist es auch. Dennoch ist dieser Aufwand im Management sinnvoll, weil er zwei Zwecke erfüllt. Einerseits werden dadurch alle Blickwinkel und Disziplinen im Unternehmen gehört und in das Vorhaben eingebunden. Das erleichtert auch die Kommunikation in die Abteilungen, wenn eine breite Beteiligung aus dem Management die Veränderungen trägt und gestaltet. Andererseits setzt das Basisteam eine Rahmen für die Umsetzung des Piloten und gibt damit auch Sicherheit für die Abteilung, bei der der erste Use Case als Pilot umgesetzt wird.

> **Start small, scale big**
> Auch wenn es verlockend klingt, gleich mit einem umfangreicheren Use Case einzusteigen, so ist es doch ratsam, erstmal „kleiner" zu starten und aus dem ersten Pilotprojekt zu lernen, bevor man weitere der Use Cases umsetzt oder skaliert (z. B. auf mehrere Standorte oder weitere Abteilungen).

Ist die Entscheidung für den Pilot-Use-Case getroffen worden, braucht es noch die abgestimmte Kommunikation ins Unternehmen dazu. Gerade wenn Management-Workshops stattfinden, ist es für Veränderungen wichtig, ein Ergebnis „verdaubar" zu kommunizieren und die Inhalte und Medien dazu noch im Workshop gemeinsam festzulegen, damit eine einheitliche Botschaft ins Unternehmen gelangt.

6.4 Schritt 3: Zielbild und Teams

In diesem Schritt geht es um die Definition eines Zielbildes und die Erarbeitung eines Pilot-Steckbriefes als Rahmendokument sowie den Teamaufbau für das Pilotprogramm.

Das Zielbild nimmt die Erwartung an den Use Case aus dem vorigen Schritt, spiegelt sie am realen Prozess und erzeugt ein konkretes Nachher-Bild.

Es muss ein tieferes Verständnis hergestellt werden, welche Rolle ein KI-Agent hat und was nach der Fertigstellung und dem Ausrollen erwartet wird. Themen wie der Grad an Autonomie des Agenten, die generelle Arbeitsteilung, die Betrachtung der Veränderungen durch den Einsatz von autonomer KI und einiges mehr sind jetzt zu beschreiben.

Zur Bearbeitung dieser Aufgaben wird ein cross-funktionales KI-Agent-Team aufgebaut und eingesetzt. Es steht zu erwarten, dass ein unterschiedliches Wissen zu Agentic AI und autonomen Systemen vorliegt. Daher ist es nützlich, die Teammitglieder in einem Grundlagentraining zu KI-Agenten vor dem Start auf einen gemeinsamen Stand zu bringen. Idealerweise sorgt man für ein altersgemischtes Team, um verschiedene Sichtweisen, Technologiezugang, Anpassungsfähigkeit und Erfahrung zu mischen.

Ein Beispiel eines solchen Teams und der zugeordneten Rollen zeigt die folgende Tab. 6.1.

Tab. 6.1 KI-Agent-Team – Rollenprofile. (Eigene Darstellung)

Rolle	Aufgabe im Team
Process Owner/ Bereichsverantwortlicher	Kennt Ziel, Prioritäten, Verantwortung
1–2 erfahrene Anwender	Kennen reale Arbeit, Ausnahmen, Workarounds
IT/Data-Verantwortlicher	Kennt Systeme, Daten, Schnittstellen
KI-Expertise/AI Product Owner	Kann einschätzen, was agentisch sinnvoll ist
Compliance/Datenschutz bei Bedarf	Relevant bei Kundendaten, HR, Verträgen, sensiblen Daten
Change/OE/HR	Interne Kommunikation, Rollenveränderung und Akzeptanz

Vorgehensweise Schritt 3

Die erste Aufgabe des Teams ist es, die Prozesse und den Nutzen des künftigen KI-Agenten zu erkennen und den Use Case detailliert zu verstehen. Dazu analysiert das Team, wie die Arbeitsabläufe heute sind, und hinterfragt, welche Aufgaben der Agent übernehmen wird oder ggf. welche weiteren Aufgaben mit abgebildet werden können, die bisher nicht berücksichtigt wurden. Ebenso wird daraus erkannt, welche Tätigkeiten weiterhin von Mitarbeitenden bearbeitet werden und welche Verbesserungen man erwarten kann und grob woran man das erkennt. Daraus erstellt das Team zwei Dinge: eine Nutzenhypothese und das Zielbild.

Die Nutzenhypothese ist ein übersetztes „WHY“ und präzisiert auch für die Kommunikation den Anspruch und den Sinn dieses Pilotprogramms.

Nutzenhypothese

Wir glauben, dass <Agent> für <Zielgruppe> <Nutzen> erreicht, messbar an <Indikator>.

Beispiel

Wir glauben, dass der Angebotsagent für unsere Vertriebsmitarbeiter die Zeit zur Erstellung eines Angebotes auf 1/6 reduziert, messbar an der Zeit von Anfrage bis Angebotslegung. ◄

Das Zielbild ist eine Art Kurzdarstellung des Ablaufes nach Einführung des Agenten und beschreibt damit den Arbeitsablauf danach in groben Zügen.

Beispiel – Zielbild

Sobald eine Anfrage eingeht, zieht der Agent Kundenhistorie, Preisliste und Verfügbarkeiten zusammen und legt einen fertigen Angebotsentwurf in die Prüfliste. Der Vertriebsmitarbeiter beginnt seine Arbeit nicht mehr mit Datensuche in vier Systemen, sondern mit der inhaltlichen Prüfung des Entwurfes. Bei Sonderkonditionen oder Rahmenverträgen eskaliert der Agent an den Menschen, statt selbst zu entscheiden. Freigegebene Angebote gehen automatisch in den Versand, abgelehnte gehen zurück an den Agenten mit Begründung, und der lernt dadurch. ◄

Da der Agent die bisher von Mitarbeitenden ausgeführten Arbeiten teilweise übernimmt, wird eine Rollenanalyse durchgeführt. Für diese Aufgabe reicht eine relativ grobe Matrix aus, um den Umfang der Veränderungen zu erkennen, wie sie in Abb. 6.4 dargestellt ist.

Das Team sammelt zuerst alle Rollen, die zum Prozess beitragen oder Beteiligte sind. Dann werden die Rollen in der Matrix kategorisiert. Auf der linken Seite sind

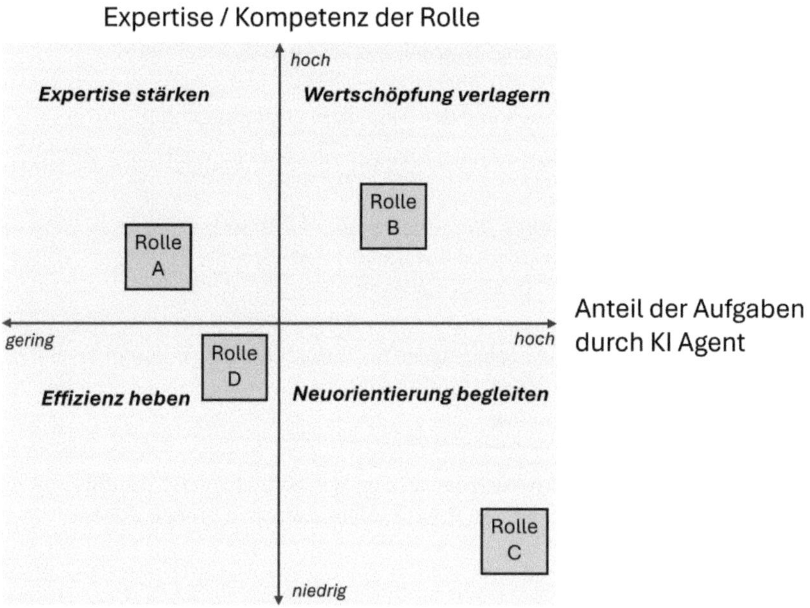

Abb. 6.4 Aufgaben-Kompetenz-Matrix. (Eigene Darstellung)

Rollen, die geringer von dem KI-Agenten profitieren und deren Aufgaben weitestgehend unberührt bleiben. Niedrige Kompetenzanforderungen sollte man allerdings hinterfragen und ggf. Effizienzpotenziale heben, beispielsweise durch Prozessumbau oder andere Anpassungen. Rollen mit hoher Kompetenz und Expertise können weiter qualifiziert werden.

Auf der rechten Seite sind solche Rollen, deren Aufgaben in hohem Maße vom KI-Agent umgesetzt werden. Aufgaben mit geringer Expertise und hohem Anteil an Übernahme durch den KI-Agenten, entfallen für die Rolle. Hier wird die Neuorientierung der Mitarbeitenden begleitet, und es ist nachvollziehbar, warum eine Mitarbeitervertretung früh mit eingebunden wurde.

Bei hoher Kompetenzanforderung und hohem Grad an Übernahme durch Agenten hat man Experten von zeitraubenden Routineaufgaben entlastet, sodass man hier Kapazität mit hoher Expertise verfügbar macht für mehr Wertschöpfung. Diese Mitarbeitenden arbeiten nach Einführung mit dem Agenten zusammen und sind je nach Autonomiegrad in einer Kollaboration eingebunden.

Jetzt geht es um die Messbarkeit und Akzeptanzbedingungen zu definieren. Dabei nutzt das Team die Beschreibung aus dem Zielbild, wie die Arbeit oder der Prozess aussieht, wenn der KI-Agent eingeführt ist. Einige Grundlagen sind bereits in den vorherigen Arbeiten entstanden. Erarbeitet wird zusätzlich noch ein oder mehrere KPIs (z. B. Zeitgewinn, Durchsatzverbesserung, Kostenreduktion), um den Mehrwert messbar zu machen. Die KPIs sind so zu wählen, dass sie zugleich die Bausteine für eine spätere ROI-Betrachtung liefern. Der Pilot schafft damit die belastbare Datenbasis, die eine seriöse Wirtschaftlichkeitsrechnung vor der Skalierung ermöglicht.

Des Weiteren werden Akzeptanzbedingungen formuliert, einmal für die technischen Themen (z. B. Reproduzierbarkeit, keine kritischen Fehler, Eskalationsroutine, Rechtekonzept, Logging, Sicherheit, Datenschutz) und einmal für die organisationalen Themen (z. B. Mensch entscheidet final, Transparenz über Grenzen und Risiken, Rollenklarheit, Feedback, Nutzungssicherheit). Diese Erkenntnisse fasst ein Piloten-Steckbrief zusammen, den das Team erstellt. Er ist noch kein detaillierter Bauplan, sondern rahmt den Auftrag und bestätigt mit dem Basisteam das gemeinsame Verständnis. Die technischen Details zur Umsetzung folgen auf Basis dieses Rahmens.

Das Template eines Steckbriefes dokumentiert das und wird hier exemplarisch gezeigt:

Pilot-Steckbrief

Stand: □ Auftrag (Management) □ Detaillierung (Team) □ abgestimmt (verbindlich) Datum: __________

Nutzenhypothese:

Wir glauben, dass <Agent> für <Zielgruppe> <Nutzen> erreicht, messbar an <Indikator>.

Teil A: Was wir wissen

Verdichtung der Ergebnisse aus den Schritten 1 bis 3

Anwendungsfall & betroffener Prozess

In welchen realen Ablauf greift der Agent ein, an welcher Stelle im Prozess, mit welchem Input und Output? <text>

Was übernimmt der Agent und was bleibt bei den Mitarbeitenden

Konkrete Aufgabenteilung beschreiben: Welche Teilschritte macht künftig der Agent, welche behält der Mensch, wo übergeben sie aneinander? <Text>

Beteiligte & Team

Wer arbeitet neben/mit dem Agenten, wer ist im Pilotteam (Process Owner, Anwender, IT/Data, KI-Expertise, ggf. Compliance, Change/OE), wer ist Sponsor? <Text>

Rollenwirkung & Gestaltungsabsicht *(aus der KI-Agent-Matrix)*

Welche Rollen sind betroffen, und wohin sollen sie sich entwickeln in den Kategorien Effizienz heben, Expertise stärken, Wertschöpfung verlagern, Neuorientierung begleiten? <Text>

Erfolgskennzahlen (KPIs), was wollen wir maximieren

Die Nutzenmetriken aus dem Zielbild, jeweils mit Ausgangs- und Zielwert. <Text>

Akzeptanzbedingungen, was muss erfüllt sein *(Vetorechte, nicht verrechenbar mit den KPIs)*

Technische Schwellen und organisationale Bedingungen auflisten <Text>

Teil B: Was wir für den Piloten festlegen

Autonomiegrad (Definition aus Abschn. 4.3)

Auf welchem Grad startet der Agent im Piloten, welcher Grad ist das Ziel und woran wird das Hochdrehen festgemacht?

Start-Grad: __________ → Ziel-Grad: __________

Aufstiegsbedingung: ________________________________

Safeguards & Leitplanken *(als einfach handhabbare initiale Definition)*

- WasdarfderAgentaufkeinenFall?________________________
- Welche Daten sieht er, welche ausdrücklich nicht?____________
- Wer verantwortet den Testbetrieb, wer haftet?______________
- Wo ist der Not-Aus, und wer darf ihn ziehen?______________

Daten

Welche Daten werden benötigt: ________________________

____

Welche Qualität haben diese Daten? (strukturiert/unstrukturiert, digital oder analog, formatiert/unformatiert, einfach/schwer zugänglich)

____

____

WerstelltdieDatenqualitätundVerfügbarkeitsicher?______________

Laufzeit & Review-Rhythmus

Von ________ bis ________. Feste Review-Zyklen:

____

Wer bewertet in den Reviews, und gegen welche der obigen Kriterien? <Text>

Abbruchkriterien – das Stop-Tor

Unter diesen Bedingungen skalieren wir bewusst *nicht* und ziehen den Piloten zurück oder überarbeiten ihn grundlegend: <Text>

Entscheidung am Ende der Pilotphase

Auf Basis von KPIs *und* Akzeptanzbedingungen:

Skalieren (zu Schritt 5: Integration) **Iterieren** (zurück in die Erprobung) **Stoppen** (sauber dokumentiert, Erkenntnisse gesichert)

Begründung der Entscheidung: ____________________________

–

Der Steckbrief ist als Arbeitsdokument zwischen dem KI Team und dem Basisteam gedacht. Es wird iterativ erarbeitet und im finalen Zustand als gerahmter Auftrag vom Basisteam freigegeben. Die Nutzenhypothese wird genutzt für die interne Kommunikation, um im Unternehmen transparent zu machen, was erarbeitet wird.

6.5 Schritt 4: Pilotieren, Validieren und Lernen

Auf Basis des Steckbriefes wird jetzt eine erste konkretere Spezifikation bzw. im Agilen die User Stories und der Backlog gebaut. Wie im Unternehmen Projekte bearbeitet werden, ist höchst unterschiedlich – ob agil gesteuert, im V-Modell organisiert – und daher gibt dieses Buch dazu an dieser Stelle auch keine Blaupause dazu.

Unterstützen und Ermöglichen
Das gemischte Team aus dem vorigen Schritt bekommt den Auftrag einen ersten Piloten zu entwickeln. Das Basisteam, also die Managementebene, hat die Aufgabe, das zu ermöglichen. Dazu sind Entscheidungen und Freigaben z. B. zu Datenzugängen, internen Ressourcen, ggf. Budget für externe Ressourcen oder Sandbox-Umgebungen zu treffen. Es ist wichtig für den Erfolg der Pilotphase, dass man das Momentum erhält. Niemand möchte in einer Pilotphase wochenlang auf Genehmigungen warten.

Transparenz sichern und beteiligen
Administrative Bremsen sind auch in der Kommunikation im Unternehmen schwer vermittelbar. Das vernebelt die Message zum Einstieg in agentische KI, dass man gemeinsam ein zukunftsfähiges Unternehmen mit Nutzung von autonomen KI-Agenten bauen will. Daher ist eine angemessene projektinterne Regelkommunikation in der Pilotphase wichtig für das Team und das Management. Mindestens die Bereichsleitung des Zielbereiches ist eng einzubinden, damit Herausforderungen früh erkannt und behoben werden können.

Sollte das Projekt agil umgesetzt werden, besteht die Möglichkeit, auf Zyklen wie sie z. B. SCRUM vorgibt, mit aufzuspringen und in Retros am Ende jedes Sprints beteiligt zu sein (vgl. Schwaber, Sutherland 2020).

In das Unternehmen hinein braucht es ebenfalls eine Regelkommunikation, die beispielsweise aus dem Basisteam heraus organisiert werden kann. So bleibt man als Management aktiv in den Messages, die man ins Unternehmen gibt, und die Mitarbeitenden außerhalb des Pilot-Bereiches werden kontinuierlich informiert und bleiben am Fortgang beteiligt (vgl. Doppler und Lauterburg p. 121 ff.).

Vorgehensweise Schritt 4: Testen und Lernen
Ein wichtiges Kriterium für den Erfolg ist, dass man früh ins Testen kommt, um aus Erkenntnissen zu lernen. Der Pilotsteckbrief liefert dabei den Maßstab: Die dort definierten KPIs und Akzeptanzbedingungen bilden das SOLL, gegen das die Ergebnisse (IST-Zustand) des Agenten laufend gemessen werden. So wird sichtbar,

wo der Agent die Erwartungen erreicht und wo das IST noch abweicht. Genauso wichtig sind dabei die unerwarteten Erkenntnisse, also Sonderfälle, an die niemand initial gedacht hat, oder Akzeptanzbedingungen, die sich in der Praxis anders darstellen als auf dem Papier. Beides zusammen, der Abgleich mit dem SOLL und das Unerwartete, macht den eigentlichen Lernwert der Pilotphase aus. In agilen Arbeitsweisen ist iteratives Arbeiten schon vorgesehen, sodass sich eine solche Vorgehensweise empfiehlt.

Generell gilt, nicht alles auf einmal umzusetzen, sondern schrittweise den Agenten zu bauen. Kleinere Schritte machen die Tests und Validierungen weniger komplex und die Abhängigkeiten der verschiedenen Teile des Agenten sind weniger hoch. Gleichzeitig lernen die Nutzer die Arbeit mit dem KI-Agenten kennen und geben dazu Feedback, dass sich mit den Akzeptanzbedingungen auf der SOLL-Seite spiegelt. Durch diese Projektarbeit gewöhnen sich die Nutzer schrittweise an die Arbeit des Agenten im Prozess und sind damit eng in der Entwicklung und der Bewertung der Ergebnisse beteiligt. Im Unterschied zu klassischen IT Projekten kommt aber hier jetzt der Aspekt der Autonomie und der selbstständigen Bewertung hinzu. Agenten treffen in ihrem vorgegebenen Rahmen Entscheidungen. Damit ist die langsame Erweiterung des Autonomiegrades ein weiterer Schritt. In der Pilotphase findet das natürlich in einer Sandbox-Umgebung statt, sodass keinerlei Auswirkung von Fehlschritten des Agenten das Unternehmen beeinträchtigt.

Bei umfangreicheren Agenten ist es sinnvoll, ein sogenanntes Red Team einzusetzen, das die Aufgabe hat, den Agenten strukturiert fehlzubedienen, also alle möglichen Fehlerszenarien auszuprobieren und zu erkennen, wie sich der Agent dazu verhält. Damit hat man für die spätere Integration bereits einen Großteil möglicher Fehltritte ausgeschlossen.

Alle Lernschritte werden dokumentiert und Anpassungen vorgenommen, um sich an das Ziel zyklisch anzunähern.

Das Ergebnis dieses Schrittes ist ein im Sinne des Pilotsteckbriefes erprobter Agent samt einer belastbaren Bewertung seiner Ergebnisse. Im Basisteam wird aufgrund der Erkenntnisse dann final entschieden, ob die KPIs erreichbar sind und die Akzeptanzbedingungen erfüllt werden können und man damit in die Operationalisierung geht, ob man nochmal an die Spezifikation geht, oder ob die Kriterien für einen gut begründeten Abbruch sprechen.

6.6 Schritt 5: Integration und Veränderung

Die Integration von autonomen KI-Agenten unterscheidet sich in Teilen grundlegend von denen einer klassischen IT-System-Einführung. Ein CRM-System, eine SAP-Einführung oder größere Office-Cloud-Plattformen ermöglichen und unterstützen in erster Linie Workflow Automation und machen Prozesse wie sie sind, effizienter oder eben digital (und an dieser Stelle ignorieren wir mal kurz, dass jedes IT-System mittlerweile auch eine meist dialogische KI integriert hat). Ein prozessorientierter KI-Agent verändert die Zusammenarbeit grundlegender als ein IT-System und trifft in dem gegebenen Rahmen auch Entscheidungen. Damit wird die Mensch-Agent-Interaktion dynamisch und kontext- bzw. situationsabhängig.

Integration

Die Integration ist das „Scharfschalten" des Agenten bzw. die Überführung in den Regelbetrieb nach Freigabe des Basisteams. Der Prozess, ob angepasst, verändert oder neu zusammengebaut, wird jetzt in den Regelbetrieb mit Mensch-Agent-Schnittstellen gehen. Dazu werden Erkenntnisse zu den initialen Leitplanken und Autonomiegrad aus dem Piloten in ein belastbares Regelwerk (Governance) gebracht. Es werden Verantwortlichkeiten definiert zu regelmäßiger Überwachung von Logs und Betrieb, zu Auditierung von Entscheidungen oder Eskalationspfaden im „Ernstfall".

Die reale Unternehmenswelt ist je nach Einsatzort und Umfang des Agenten komplexer, als man es in der Sandbox der Pilotphase nachbauen konnte. Unterschiede in der Sensorik, unterschiedliche Umgebungsparameter (dynamic mismatch), Unterschiede in der Nachbildung (reality gap) oder Unterschiede in den Daten (dataset shift), führen zu möglichem Fehlverhalten (vgl. McKinsey 2025).

Daher ist ein enges Nachverfolgen der Aktivitäten des KI-Agenten zu Beginn wichtig, um mögliche Fehlleitungen früh zu erkennen und gegenzusteuern. Das Red Team aus dem Pilotteam ist hier hilfreich, weil es seine Szenarien nochmals an der echten Welt validieren kann und Fehlerbilder in der vormaligen Sandbox nochmals nachstellen, erweitern und Abhilfe initiieren kann. Kontinuierliche Retrospektiven der Nutzer und Checkpoints sind in dieser Phase wichtig. Auch im Livebetrieb ist ein schrittweises „Hochschalten" des Autonomiegrades sinnvoll.

Sollte dennoch der Prozess mit dem Agenten in der echten Welt nachhaltig danebenliegen, ist ein Rückfallplan auszuarbeiten, der die Möglichkeit bietet, in den vorigen Prozess und Zustand zurückzuschalten und damit Betriebsausfälle zu vermeiden. Die meisten ernsteren Probleme sind in der Regel sehr früh nach dem Ausrollen sichtbar, sodass ein größerer Schaden bei guter Integrationsbegleitung vermeidbar ist. Die stillen Fehler erkennt man oftmals allerdings erst später, sodass eine kontinuierliche Überwachung wichtig bleibt.

Veränderung

In der Aufgaben-Kompetenz-Matrix in Abb. 6.4 wurde bereits eine Einschätzung der Veränderung in der Rolle und den Aufgaben der Mitarbeitenden vorgenommen. Gleichzeitig ist Veränderung immer auch ein Thema für Führung. In den bisherigen Schritten wurde sehr darauf geachtet und Wert gelegt, dass erklärt wird, warum eine Veränderung vorgenommen wird, welchen Mehrwert man sich verspricht und was nachher besser ist als vorher. Das Basisteam ist hier die Keimzelle neben der Unternehmensführung, um Orientierung an die Mitarbeitenden zu geben und Sicherheit zu vermitteln. Das ist die Führungsaufgabe in Veränderungen auf allen Ebenen. Das 6-Schritte-Modell folgt hier den etablierten Erkenntnissen aus der Organisationsentwicklung, wie sie in Kap. 6 dargestellt sind. Für die KI-Agenten-Einführung übersetzt sich das in diesem Schritt auf die direkten Stakeholder wie folgt:

Mitarbeitende

Mitarbeitende wollen verstehen, warum man etwas verändert, wollen verstehen, was mit ihrer Rolle passiert und wie die vormals aufgezeigten Handlungsweisen aus der Matrix (siehe Abb. 6.4) umgesetzt werden. Es ist Klarheit zu schaffen, wer künftig was genau macht und wie die Schnittstelle zwischen Agent und Mensch ausgestaltet wird. Die im Piloten definierten Akzeptanzbedingungen müssen jetzt im Betrieb auch dauerhaft eingelöst und bestätigt werden, um Vertrauen aufzubauen. Der Umgang mit agentischer KI will geschult werden und die Befähigung der Mitarbeitenden kontinuierlich erweitert werden.

Führungskräfte

Für Führungskräfte verändert die Integration eines Agenten die eigene Rolle spürbar. Anders als bei einem neuen Werkzeug, das ein Mitarbeiter bedient, tritt hier ein nicht-menschlicher Mitwirkender in den Arbeitsablauf. Das verlangt von der Führungskraft drei Dinge:

- Erstens verschiebt sich Führung vom Anweisen zum Kalibrieren. Nicht mehr die Frage „wer macht welche Aufgabe“ steht im Vordergrund, sondern „wie viel Vertrauen geben wir dem Agenten“. Damit ist die Entscheidung über den Autonomiegrad eine genuine Führungsaufgabe geworden, die verstanden und wahrgenommen werden muss. Sie wägt ab zwischen Nutzen und Risiko.

- Zweitens wird Führung zum Vertrauensmanager in zwei Richtungen. Dem Agenten gegenüber gilt es, das richtige Maß an Handlungsspielraum zu geben und schrittweise zu erweitern. Dem Team gegenüber gilt es, Sicherheit zu geben. Vertrauen wächst mit den Erfahrungen, die die Mitarbeitenden im Umgang mit dem System machen.
- Drittens, und das ist der unbequemste Teil, muss Führung in dieser Phase die Frage aktiv aufgreifen, ob ausgesprochen oder nicht: „Wenn der Agent das jetzt übernimmt, was bleibt dann für mich?" Wird diese Frage ausgesessen, wächst sie zu stillem Widerstand, der jede Integration von innen aushöhlt. Führung hat hier die klare Aufgabe, Transparenz zu schaffen und mit Empathie und Gespür für die Sorgen die Mitarbeitenden mitzunehmen. Gerade wenn Arbeitsabläufe sehr grundlegend verändert werden, stellt sich für Mitarbeitende und Führung die Sinnfrage neu. Hier hilft es, die menschlichen Qualitäten und den Mehrwert der eigenen künftigen Rolle und Aufgabe in Zusammenarbeit mit dem Agenten herauszuarbeiten.

Unternehmensleitung

Die Unternehmensführung als Initiator und Leitplankengeber ist kontinuierlich gefragt. Hier ist einerseits der Schutz des betroffenen Teams sicherzustellen, ebenso die psychologische Sicherheit für die Mitarbeitenden und die Führungsebenen und kontinuierlich die strategische Einordnung und die erreichten Schritte zu kommunizieren. Autonome KI-Agenten einführen ist Managementaufgabe. Hier liegt die Aufgabe, die Orientierung in der Veränderung zu geben, der Pfeiler im Sturm zum Festhalten zu sein, wenn man so will.

► Ein begleitendes Führungskräfte-Entwicklungsprogramm während eines Veränderungsprozesses ist oftmals sehr sinnvoll und unterstützt den Prozess.

Kommunikation

Über Kommunikation ist bereits einiges in den betroffenen Rollen erwähnt worden. Erfolge und Erkenntnisse wollen geteilt werden, dazu sind horizontale und vertikale Kommunikationswege zu etablieren. Wichtig ist, dass es eine Rolle „interne Kommunikation" gibt mit der Aufgabe, diese Kommunikationswege zu etablieren und regelmäßig zu bespielen. Es sind Lernräume aufzubauen für solche Teams oder Mitarbeitenden, die (noch) nicht in einem Pilotprojekt waren. Erfahrungsaustausch, Mehrwerte, Herausforderungen, Big Fails und Mitigation sind alles wertvolle Informationen, die im Unternehmen auch offen geteilt werden sollten. Die Nutzung digitaler Medien für Gutbeispiele, Erfahrungsberichte, How-to-Anleitungen usw. unterstützt in Zeiten von hybridem Arbeiten.

Je nach Unternehmensgröße und Komplexität des bzw. der Prozesse ist ein Soundingboard aus Mitarbeitenden und Führungskräften aus den betroffenen Bereichen sinnvoll, um eine direkte Kommunikationslinie von den Betroffenen ins Management zu bauen. Zusätzlich sollten der Umgang und die Auswirkungen von agentischer KI im Rahmen von Austausch mit Betriebsrat oder Mitarbeitervertretung regelmäßig thematisiert werden.

Das Ergebnis dieses Schrittes 5 ist ein produktiv integrierter KI-Agent, dessen Prozess und Rollen angepasst sind und der von der Organisation getragen und akzeptiert wird. Damit ist die Basis für die Skalierung gelegt.

6.7 Schritt 6: Skalierung, Operating Model und Lernchancen

Ein großer Schritt ist getan und im Unternehmen ist ein erster umfangreicherer Agent im Einsatz und liefert Ergebnisse. Nun kommt bekanntlich der Appetit mit dem Essen und die Liste, der unter Abschn. 6.3 erstellten Use Cases, rückt wieder in den Mittelpunkt. Das Oberthema heißt Skalieren.

Skalierung
Es gibt zwei Richtungen, in die man jetzt skalieren kann:

- Horizontale Skalierung: derselbe Agententyp wird auf weitere Use Cases, Bereiche oder Produktlinien ausgerollt.
- Vertikale Skalierung: der erste Agent bekommt mehr Fähigkeiten, Aufgaben, Reichweite oder mehr Autonomie.

Im ersten Fall ist das Basisteam gefragt, die Liste erneut zu betrachten, und evtl. sogar nochmal zu ergänzen oder zu erweitern, falls es durch das erste Pilotprojekt neue Vorschläge und Ideen im Unternehmen gibt. Daraus wird der oder die nächsten Use Cases festgelegt. Die Vorgehensweise aus Schritt 2 bis 5 hat sich im Unternehmen etabliert und ist mit dem Piloten getestet worden. Die Erfahrungen haben ggf. die Abläufe darin weiter optimiert. Das strukturelle Set-up bleibt aber erhalten, das Basisteam als Steuerungsgremium und ein neues KI-Team für den nächsten Use Case, idealerweise unterstützt durch das erste KI-Team für Erfahrungsaustausch.

Im zweiten Fall ist das erste KI-Team mit der Aufgabe betraut, aus den Erfahrungen mit dem Agenten weiteres Potenzial zu erkennen und daraus Vorschläge für die vertikale Skalierung zu machen. Auch wenn es um denselben Agenten geht, ist erneut in den Schritten 3–5 vorzugehen, weil eine Erweiterung des bestehenden Agenten durchaus die Arbeitsweisen weiterer Teams und Mitarbeitenden berührt.

Operating Model

Schon bei dem ersten Agenten ist in Schritt 5 ein Regelwerk entstanden, das die Governance für den Umgang mit und die Integration des Agenten regelt, um die Akzeptanzkriterien zu erfüllen, aber auch die Compliance zu gesetzlichen Vorgaben (EU AI Act, DSGVO, Datenschutz) einzuhalten (vgl. Franz 2026). Sobald man im Unternehmen skaliert, vervielfacht sich die Anzahl an Regeln. Wenn man sich dann vorstellt, ein Multi-Agent-Set-up im Unternehmen zu haben mit mehreren Agenten, die wiederum mit Agenten zusammenarbeiten, wird die Steuerung und Kontrolle solcher multi-autonomer Systeme komplex. Hier entstehen Bedarfe für neue Verantwortlichkeiten und Rollenprofile im Unternehmen. Wie weit und wie tief man diese Rollen als eigenes Personal ausprägt, hängt stark von der Komplexität der Agentenlandschaft ab, die man aufbaut. Insofern ist diese Liste hier als eine Auswahl gemeint, die man für seine Unternehmenssituation anpassen muss. Das sind zwar recht viele eher technisch geprägte Aufgaben, aus den vorigen Kapiteln ist aber klar geworden, dass die Änderung von Arbeitsabläufen je nach Umfang eine komplexe Organisationsentwicklung sein kann. Insofern kommt der Aufgabe, diese Veränderungen kompetent und nachhaltig zu begleiten, eine entscheidende Rolle zu, die bei aller Begeisterung für Technik nicht vergessen werden darf. In Tab. 6.2 sind beispielhaft typische Rollen und Verantwortungen aufgelistet. Einige der Aufgaben gibt es unter Umständen schon im aktuellen Kontext, wie z. B. Datenschutzbeauftragte oder Product-Owner oder Prozess-Owner, die für ISO-Audits zuständig sind.

Steuerung und Kommunikation

Die Kommunikationsarchitektur und verantwortliche Rolle „internal communications“ aus Schritt 5 bleibt erhalten mit den dort beschriebenen Aufgaben. Aus der Unternehmensführung sollte im Sinne des formulierten Anspruches, gemeinsam das Unternehmen zukunftsfähig zu machen und agentische KI einzuführen, regelmäßig über Erfolge berichtet und die strategische Einordnung dazu vorgenommen werden. Ebenso hilft eine Roadmap dabei, die Schritte in der Weiterentwicklung transparent zu halten.

Um die in Schritt 1 formulierten Erwartungen an kontinuierliche Verbesserung durch agentische KI zu belegen, ist eine längerfristige Beobachtung der KPIs und des ROI sinnvoll.

Tab. 6.2 Rollen und Profile im Operating Model. (Eigene Darstellung)

Rolle	Kurzprofil	Typische Verantwortung
Change & Adoption Lead	OE, HR, Kommunikation oder Führungskraft	Begleitet Akzeptanz, Qualifizierung, Kommunikation, Sorgen und neue Arbeitsweisen.
AI Governance Owner	Verantwortliche Person für Regeln, Policies und Freigaben	Definiert Leitplanken für Einsatz, Risiken, Freigaben, Transparenz und Verantwortlichkeiten.
Agentic AI Product Owner	Business-nahe Rolle für einen konkreten Agenten oder Use Case	Übersetzt Fachbedarf in Anforderungen, priorisiert Backlog, hält Nutzen und Anwenderperspektive zusammen.
Process Owner	Verantwortlich für den betroffenen Geschäftsprozess	Klärt, wo der Agent in den Prozess eingreift, was sich ändert und wer verantwortlich bleibt.
Agent Owner	Fachlicher „Besitzer“ eines produktiven Agenten	Verantwortet Zweck, Einsatzgrenzen, Qualität, Aktualität und fachliche Weiterentwicklung des Agenten.
AI Ops/Agent Ops	Betriebsrolle für laufende Agenten	Überwacht Performance, Fehler, Logs, Nutzung, Modell-/Prompt-Änderungen und Incident Handling.
AI/Agent Architect	Technische Architekturrolle	Definiert Agentenarchitektur, Systemanbindung, Tool-Nutzung, Orchestrierung und Skalierbarkeit.
Data Owner/ Data Steward	Verantwortlich für Datenquellen und Datenqualität	Klärt, welche Daten genutzt werden dürfen, wie aktuell sie sind und wer Zugriff erhält.
IT Security Owner	Informationssicherheit/ Cybersecurity	Prüft Zugriff, Berechtigungen, Schnittstellen, Secrets, externe Modelle, Logging und Angriffspunkte.
Legal/ Compliance/ DPO	Datenschutz, Recht, Compliance	Bewertet DSGVO, AI Act, Aufbewahrung, Transparenzpflichten, Haftung und regulatorische Risiken.
Autonomie Reviewer	Fachperson für Prüfung und Freigabe kritischer Agentenergebnisse	Prüft Vorschläge, legt Autonomiegrad fest, gibt Entscheidungen frei, erkennt Fehler und liefert Feedback in den Lernprozess.

Risiko skaliert mit

Wie immer im Leben haben die schönen Dinge auch eine Rückseite, und beim Skalieren agentischer KI ist das nicht anders. Denn letztlich skaliert mit zunehmender Anzahl von KI-Agenten im Unternehmen natürlich auch das Risiko, sodass es weiterhin sinnvoll bleibt, evolutionär und nicht radikal vorzugehen. Früher oder später werden Agenten, die mal ursprünglich separat in Abteilungen eingesetzt wurden, mit anderen Agenten zusammenarbeiten und damit eine neue „Umwelt“ für sich gegenseitig schaffen. Obige Governance kann das auffangen, aber man sollte sich dessen bewusst sein.

Und ein weiterer Hinweis sei gestattet, ohne zu viel Wasser in den guten Wein zu kippen. Die LLMs entwickeln sich kontinuierlich weiter, IT-Systeme werden ebenfalls zunehmend mit LLM-basierten Systemen ausgestattet (z. B. Microsoft Copilot, Salesforce oder Hubspot) und ein Agent, der auf ein neues LLM Modell „upgraded“, kann unter Umständen ein gänzlich anderes Verhalten zeigen.

Potenziale und Lernchancen

Unter dem Strich entsteht mit der Einführung von agentischer KI das Potenzial, die Qualität und den Wert menschlicher Arbeit auf kreative, innovative oder strategischere Aufgaben zu fokussieren und standardisierbare Abläufe unterstützend durch KI-Systeme abzubilden. Die Transformation von Führung und Mitarbeitenden in die Kollaboration mit Agenten bietet erhebliche Lernchancen und verändert die Art der Zusammenarbeit und Struktur im Unternehmen.

Durch dieses Buch zieht sich daher die Kernbotschaft: Die Einführung autonomer KI-Agenten ist keine ausschließliche IT-Aufgabe, sondern Organisationsentwicklung. Die sechs Schritte bilden eine Blaupause konsistenter Handlungen. Wer ihnen folgt, strategisch, in verdaubaren Evolutionsschritten und mit Transparenz und Kommunikation, entwickelt sein Unternehmen weiter. Es wird lernfähiger, mündiger und zukunftssicherer.

Dabei werden die Mitarbeitenden im Unternehmen mitgenommen und Widerstände vermieden oder bearbeitet. Der Weg zu agentischer KI ist keine reine Technologiefrage, sondern eine Frage der organisationalen Reife. Wer beides – Organisation und Technik – zusammendenkt, also die Möglichkeiten der Technologie und die Arbeitswirklichkeit der Mitarbeitenden, für den wird agentische KI zum Aufbruch in ein zukunftsfähigeres Unternehmen.

Praxisbeispiel: Der Compliance-Agent im Maschinenbau

Ein mittelständischer Sondermaschinenhersteller mit rund 800 Mitarbeitenden liefert Komponenten an Kunden aus regulierten Branchen. In den vergangenen Jahren sind die Anforderungen an Dokumentation, Nachweise und Audits deutlich gestiegen. Qualitätsmanagement, Einkauf, Service und Engineering müssen regelmäßig belegen, welche Normen und Richtlinien wie eingehalten wurden, welche Lieferantendokumente vorliegen, welche Prüfprotokolle gültig sind und ob interne Arbeitsanweisungen zur aktuellen regulatorischen Lage passen.

Bisher war diese Arbeit zum Großteil manuell geprägt. Mitarbeitende suchten in SharePoint-Foldern, ERP-Artikelanhängen, vormaligen Auditberichten, Excel-Listen und E-Mails nach notwendigen Dokumenten. Häufig entstanden Rückfragen: Ist das die aktuelle Version? Gibt es dazu bereits einen Nachweis? Wer hat die Freigabe erteilt? Welche Unterlage gehört zu welchem Kundenprojekt? Im Ergebnis waren Audits zwar beherrschbar, aber aufwendig, personenabhängig und mit viel Sucharbeit verbunden.

Das Ziel des Managements ist es also, Mitarbeitende von nicht-produktiver Arbeit zu entlasten und Kapazitäten für wertschöpfendere Aufgaben freizumachen (Schritt 1 und 2). In der Kommunikation mit den betroffenen Mitarbeitenden und Führungskräften wurden diese Nutzenpotenziale diskutiert. Die Sorge um die Redundanz des Arbeitsplatzes konnte dadurch adressiert werden, dass gemeinsam transparent erarbeitet wurde, welche Rolle und welcher Wert die Kollegen in dem Prozess beisteuern. Es geht weniger darum, die Informationen zu finden und Formulare und Texte zu erstellen, sondern zu bewerten und Risiken einzuschätzen. Das Unternehmen entscheidet sich daher für einen begrenzten Pilot: Ein KI-Agent soll nicht eigenständig Compliance-Entscheidungen treffen, aber die entsprechenden Nachweise vorbereiten. Der Pilot startet im Qualitätsmanagement für einen klar abgegrenzten Prozess: die Vorbereitung interner Auditpakete für ausgewählte Kundenprojekte (Schritt 3).

Zunächst wird der Prozess gemeinsam mit Qualitätsmanagement, Engineering, IT und Datenschutz beschrieben (Schritt 4). Welche Dokumente werden benötigt? Wo liegen sie? Welche Freigaben sind relevant? Welche Normen und internen Arbeitsanweisungen müssen berücksichtigt werden? Daraus wird eine Sandbox gebaut. Der Agent erhält Zugriff auf aktuelle SOPs, Prüfpläne, Audit-Checklisten, Vorlagen, ausgewählte ERP-Informationen und Projektordner. Schreibrechte erhält er zunächst nicht.

Die Rolle des Agenten wird im Test bewusst begrenzt. Er durchsucht freigegebene Quellen, schlägt passende Nachweise vor, erstellt eine strukturierte Auditübersicht und markiert Lücken oder widersprüchliche Informationen. Bei Unsicherheit verweist er auf die Quelle oder eskaliert an den zuständigen Qualitätsmanager. Der Mensch bleibt verantwortlich für Kontext, Bewertung, Risikoeinschätzung, Freigabe und finale Kommunikation.

Im Pilot zeigt sich der Nutzen schnell: Die Fachabteilung verbringt deutlich weniger Zeit mit Suchen und Zusammenstellen von Unterlagen – früher Stunden, heute eher Minuten. Auditpakete werden konsistenter vorbereitet, weil der Agent künftig mit den aktuellen Vorlagen arbeitet. Gleichzeitig werden Lücken früher sichtbar, etwa fehlende Lieferantennachweise oder veraltete Prüfprotokolle. Für die Mitarbeitenden entsteht Akzeptanz, weil der Agent als Entlastung bei wiederkehrender Nachweisarbeit eingesetzt wird. Schulungen stellen sicher, dass der Umgang im Arbeitsprozess funktioniert, und regelmäßige Retros sichern Feedback und Fails.

Nach der Pilotphase entscheidet das Unternehmen, den Agenten begrenzt auf Realsystemen einzusetzen (Schritt 5) und ausgiebig zu testen. Danach ist eine schrittweise Erweiterung (Skalierung – Schritt 6) geplant, zunächst auf weitere Produktlinien, später auf Lieferantenaudits und interne Management-Reviews. ◄

7 Fazit und Zusammenfassung

Agentische KI eröffnet dem Mittelstand erhebliche Chancen. Sie kann Prozesse beschleunigen, Fachkräfte entlasten, Qualität verbessern und neue digitale Leistungen ermöglichen. Doch ein technisch funktionierender Agent führt nicht automatisch zu wirtschaftlichem Erfolg. Entscheidend ist, ob er in einen sinnvollen Anwendungsfall eingebettet ist, der von den Mitarbeitenden angenommen und dauerhaft in der Organisation verankert wird. In diesem Essential sind dazu folgende Kerngedanken betrachtet worden.

Agentische KI verändert Aufgaben und Arbeitsteilung
Wenn Agenten Informationen aufbereiten, Entscheidungen vorbereiten oder innerhalb definierter Grenzen selbst handeln, verschieben sich Rollen, Verantwortlichkeiten und Schnittstellen. Ihre Einführung ist deshalb eine organisationale Transformationsaufgabe.

Der Wertbeitrag muss von Anfang an konkretisiert werden.

Effizienz, Qualität, Geschwindigkeit, Risiko oder Wachstum sind nur dann belastbar, wenn sie mit nachvollziehbaren Messgrößen verbunden werden. Auch Adoption sowie Aufbau- und Betriebskosten gehören dazu, denn nur tatsächlich genutzte Lösungen erzielen im Unternehmensalltag eine wirtschaftliche Wirkung.

Autonomie ist eine bewusste Gestaltungsdimension
Je stärker ein Agent empfiehlt, ausführt oder koordiniert, desto wichtiger werden klare Leitplanken, Human-in-the-Loop, Monitoring, Eskalationswege und Governance. Entscheidungsrechte können übertragen werden, die Verantwortung für Ziele, Grenzen und Folgen bleibt jedoch beim Menschen und in der Organisation.

N. Trapp, *Agentic AI im Mittelstand*, essentials,
https://doi.org/10.1007/978-3-662-74552-6_7

Führung entscheidet darüber, ob aus Unsicherheit Gestaltung wird
Führungskräfte sind selbst von Kontrollverlust und Rollenveränderung betroffen und müssen zugleich Orientierung für ihre Teams schaffen. Sie sollten Sorgen weder beschwichtigen noch ignorieren, sondern transparent machen, was feststeht, was offen ist und wie Mitarbeitende an der Veränderung beteiligt werden.

Der richtige Einstieg ist wichtiger als der größte Use Case
Ein geeigneter Pilot verbindet erkennbaren Nutzen, technische Machbarkeit, verfügbare Daten, begrenztes Risiko und organisationale Bereitschaft. Er dient als Technologietest und bildet einen Lernraum für Prozesse, Zusammenarbeit, Akzeptanz und Verantwortung.

Das Sechs-Schritte-Modell verbindet Orientierung und Umsetzung
Es führt von geeigneten Suchfeldern über Bewertung, Zielbild und Pilotierung bis zur Integration und Skalierung. Der beschriebene Weg zeigt einen wiederholbaren Lernzyklus, in dem Erfahrungen ausgewertet und Lösungen schrittweise weiterentwickelt werden. Daraus entsteht eine unternehmenseigene Blaupause für Wiederholbarkeit und organisationale Weiterentwicklung.

Agentische KI wird tiefer in digitale, später auch physische Wertschöpfungsprozesse eingreifen. In Konzernen wird bereits über das Konzept des AI-first-Unternehmens gesprochen, in dem KI ein integraler strategischer Teil der Organisation, Prozesse und Wertschöpfung sein wird. Für mittelständische Unternehmen ist das heute eher ein Ausblick. Die entscheidende Zukunftsfrage lautet eher, ob sie jeden technologischen Trend sofort übernehmen. Wichtig ist, dass sie neue Möglichkeiten früh erkennen, ihren Wert nüchtern prüfen und Technologie, Organisation und Führung gemeinsam weiterentwickeln. Wer fokussiert beginnt, konsequent lernt und Verantwortung klar gestaltet, kann aus einzelnen Agenten ein Multi-Agenten-System bauen und eine wirksame neue Form der Zusammenarbeit etablieren.

Was Sie aus diesem *essential* mitnehmen können

- Sie verstehen, was agentische KI von generativer KI und klassischer Automatisierung unterscheidet und welche Autonomiegrade für den Unternehmenseinsatz relevant sind.
- Sie erkennen, wo KI-Agenten im Mittelstand messbaren Wert durch Effizienz, Qualität, Geschwindigkeit und neue Leistungsangebote schaffen können.
- Sie lernen, Nutzen, Adoption sowie Entstehungs- und Betriebskosten zu einem realistischen Business Case zusammenzuführen.
- Sie erfahren, warum die Einführung agentischer KI nicht nur ein Technologieprojekt, sondern eine Veränderung von Prozessen, Rollen, Führung und Zusammenarbeit ist.
- Sie erhalten ein praxisnahes Sechs-Schritte-Modell, mit dem Sie geeignete Anwendungsfälle identifizieren, pilotieren, integrieren und verantwortungsvoll skalieren können.

N. Trapp, *Agentic AI im Mittelstand*, essentials,
https://doi.org/10.1007/978-3-662-74552-6

Literatur

Asgarian Dr C., Kammerer Dr N., Stocker A., Twesten M., Rohrhirsch D., (2026) The AI first organisation, Roland Berger Study, https://www.rolandberger.com/en/Insights/Publications/The-AI-First-Organization.html, zugegriffen 16.07.2026

Bersin J, Pelster B., Schwartz J, ven der VYver B., (2017) Rewriting the rules for the digital age in 2017 Deloitte Global Human Capital Trends , https://www.deloitte.com/us/en/insights/topics/talent/human-capital-trends/human-capital-trends-archive.html zugegriffen 009.07.2026

Brown T., Mann B., et al., (2020) Language Models are Few-Shot Learners, https://arxiv.org/pdf/arXiv:2005.14165v4, zugegriffen 20.07.2026

Cap Gemini Research (2025) Rise of agentic AI, https://www.capgemini.com/insights/research-library/ai-agents/, zugegriffen 11.07.2026

Deloitte (2025) AI-first organizational blueprint, https://www.deloitte.com/nl/en/services/consulting/perspectives/becoming-an-ai-first-company.html zugegriffen 16.07.2026

Deloitte (2026) The state of AI in the Enterprise, https://www.deloitte.com/de/de/issues/generative-ai/state-of-ai-in-enterprise.html zugegriffen 17.07.2026

Doppler K., Lauterburg C.,(2019) Change Management, Campus Verlag, 14. Auflage, Frankfurt / New York

Dumas M., La Rosa M., Mendling J., Reijers H. A., (2003) Business Process Management, Springer Berlin, Heidelberg, 2nd Edition

Engels B., Scheufen M., Schmitz E., (2025) Künstliche Intelligenz als Wettbewerbsfaktor für die deutsche Wirtschaft, IW report Nr 33, https://www.iwkoeln.de/studien/barbara-engels-marc-scheufen-edgar-schmitz-kuenstliche-intelligenz-als-wettbewerbsfaktor-fuer-die-deutsche-wirtschaft.html, zugegriffen 15.07.2026

Franz, M., (2026) Rechtssicherer AI-Einsatz im Unternehmen, Springer Gabler, Wiesbaden

Friedman T.L., (2016) Thank you for being late, Picador, MacMillan Publishing Group, New York

Gleich A.-L., Meyer M. F., (2026) Umfrage zur aktuellen Lage im industriellen Mittelstand, BDI, https://bdi.eu/media/pages/specials/industry-spotlight-lage-im-industriellen-mittelstand-2026/26cb96e2fc-1783933414/umfrage-zur-aktuellen-lage-im-industriellen-mittelstand-2026.pdf, zugegriffen 09.07.2026

Goleman D., (2010), Emotionale Führung, 6. Auflage, Ullstein, Berlin

N. Trapp, *Agentic AI im Mittelstand*, essentials,
https://doi.org/10.1007/978-3-662-74552-6

Goodfellow I., Bengio Y. and Courville A. (2016) Deep Learning, The MIT Press, Cambridge, Massachusetts, London, England

Goodfellow I. J., Pouget-Abadie J., Mirza M., Xu B., Warde-Farley D., Ozair S., Courville A., Bengio Y., (2014) Generative Adversarial Networks, https://arxiv.org/pdf/1406.2661, zugegriffen 20.07.2026

Grünwald C, Bonin D, Glockner H, (2024) Die Zukunft des industriellen Mittelstandes in Deutschland, Abschlussbericht, BDI, https://bdi.eu/de/specials/zukunftsszenarien-fuer-den-industriellen-mittelstand, Zugegriffen: 09.07.2026

IAB (2025) Künstliche Intelligenz: Potenzielle Effekte für den deutschen Arbeitsmarkt, IAB Forschungsbericht, https://iab.de/kuenstliche-intelligenz-potenzielle-effekte-fuer-den-deutschen-arbeitsmarkt/, zugegriffen 16.07.2026

IBM Research (2025) From AI Projects to Profits: how agentic AI can sustain financial returns https://www.ibm.com/thought-leadership/institute-business-value/en-us/report/agentic-ai-profits, zugegriffen 11.07.2026

International Standard Organisation (2022) Information technology - Artificial intelligence - Artificial intelligence concepts and terminology, Reference number ISO/IEC 22989:2022(E)

Kerkhoff A., Licht T., Menkhoff M., Wohlrabe K., (2024) ifo Schnelldienst, 77, Nr. 08 39-43 ifo Institut München, https://www.ifo.de/publikationen/2024/aufsatz-zeitschrift/ki-in-der-deutschen-wirtschaft, zugegriffen 11.07.2026

Kumar N., Kataria V., (2026) The agentic Enterprise, BPB Publications, India

Lewin, K., (1947) Frontiers in group dynamics: Concept, method and reality in social science; social equilibria and social change. Human Relations. Bd. 1, Nr. 1, S. 5–41

Liz Mohn Stiftung (2025) Führung mit Künstlicher Intelligenz, https://liz-mohn-stiftung.de/wp-content/uploads/2025/10/LIZ-0010-Policy-Brief_KI_und_Fuehrung_5.pdf, zugegriffen 16.07.2026

Luhmann N., (2000) Organisation und Entscheidung, VS Verlag für Sozialwissenschaften, 2. Auflage 2006, Wiesbaden

McKinsey (2025) The state of AI in 2025, https://www.mckinsey.com/~/media/mckinsey/business%20functions/quantumblack/our%20insights/the%20state%20of%20ai/the-state-of-ai-in-2025-vf.pdf?shouldIndex=false, zugegriffen 14.07.2026

Meta intelligence (2025) AI ROI: Cost Modelingh and value quantification, https://www.meta-intelligence.tech/en/insight-ai-roi, zugegriffen 11.07.2026

Mikhaylenko M., Schich M., Rohrhirsch D., Punnackal P., Ruthardt P., (2026) The AI value gap, Roland Berger Study, https://www.rolandberger.com/en/Insights/Publications/Profitless-prosperity-in-AI.html, zugegriffen 09.07.2026

Ng A. Y. , Jordan A. I., (2001) On Discriminative vs. Generative classifiers: A comparison of logistic regression and naive Bayes , https://ai.stanford.edu/~ang/papers/nips01-discriminativegenerative.pdf, zugegriffen 20.07.2026

Russell S., Norvig, P., (2021) Artificial Intelligence, A modern approach, fourth Edition, Pearson Education Limited, Harlow, United Kingdom

Scharinger B., (2026) Industrial AI: from Pilot to Profit, Hanser Verlag, München

Schenkenhofer J., (2022) Hidden Champions: A Review of the Literature and Future Research Avenues, Management Review Quarterly (2022) 72:417–482, https://link.springer.com/article/10.1007/s11301-021-00253-6, zugegriffen 17.07.2026

Schwaber K., Sutherland J., The Scrum Guide, https://scrumguides.org/docs/scrumguide/v2020/2020-Scrum-Guide-US.pdf#zoom=100, zugegriffen 22.07.2026

Shneiderman Ben (2022) Human-Centered AI, Oxford University Press, England

Simon, H., (2021) Hidden Champions – die neuen Spielregeln im chinesischen Jahrhundert, Campus Verlag, Frankfurt / New York

Sternfels, Brende & Pacthod (2026) „Building leaders in the age of AI“, McKinsey, https://www.mckinsey.com/capabilities/strategy-and-corporate-finance/our-insights/building-leaders-in-the-age-of-ai, zugegriffen 11.07.2026

Stowasser S., Neuburger R. et al, (2022) Führung im Wandel: Herausforderungen und Chancen durch KI, Whitepaper, https://www.plattform-lernende-systeme.de/files/Downloads/Publikationen/AG2_WP_Fuehrung_im_Wandel.pdf, zugegriffen 16.07.2026

Valtech (2026) Agentic AI use cases: Beyond the digital storefront, Thread Magazine, https://www.valtech.com/thread-magazine/14-real-world-agentic-ai-use-cases/, zugegriffen, 09.01.2026

Woodridge M., Jennings N., (1995) Intelligent Agents: theory and practice, https://www.cs.ox.ac.uk/people/michael.wooldridge/pubs/ker95.pdf, zugegriffen, 17.07.2026

Wrobel A, Hölzle K, Hecker D, Renner T, (2026), KI-Agenten verstehen und anwenden, Fraunhofer Heilbronn Forschungs- und Innovationszentren HNFIZ, https://www.iais.fraunhofer.de/de/publikationen/studien/2026/download_hnfiz-studie_ki-agenten.html, zugegriffen 09.07.2026

MIX
Papier aus verantwortungsvollen Quellen
Paper from responsible sources
FSC® C105338

If you have any concerns about our products,
you can contact us on
ProductSafety@springernature.com

In case Publisher is established outside the EU,
the EU authorized representative is:
Springer Nature Customer Service Center GmbH
Europaplatz 3, 69115 Heidelberg, Germany

Printed by Libri Plureos GmbH
in Hamburg, Germany